改變學習方式
改變一生

Change

陳光超強邏輯式記憶法

陳光◆著

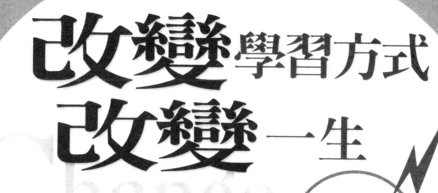

改變學習方式，改變一生

醫學博士
林彥同

人的大腦一直是個神秘難解的謎團，即便是醫學技術進步的現在，腦科研究仍不斷有驚人的新發現。

近來轟動一時的劉海若小姐，兩年前在國外的一場車禍，被判定為腦死，然而卻因為個人生命意志的堅強及醫學的不斷努力，如今她已經完全康復，完全沒有任何生活障礙。腦死的判定或許有誤，然而到達會被判定腦死的地步，其腦部傷勢的嚴重，不需多做解釋。

國外有個案例，有名黑人幼時意外遭到歹徒開槍打中頭部，子彈貫穿腦部，他幾乎失去了半個腦殼。然而他卻活了下來，而且順利長大成人。

人的大腦充滿了無限的神秘，有著無限的可能。一個大腦就是一個宇宙。人們窮數百年的心力研究，卻還有許多無法解決的疑問。

強調超強記憶的記憶學，是比較新起的一門學問。接觸前，會對於這樣的一門技巧多少有些懷疑，然而，當正式接觸後，卻驚喜地發現，有些技巧是以前就

曾經口耳相傳過的方法。

只是當時並不知道為什麼，也不知道如何運用。對於理論的無知，也只能懵懵懂懂地瞎撞。

我們永遠不知道大腦能做到什麼樣的地步，總以為能夠過目不忘的人，只是歷史上的傳奇人物時，卻有人已經將記憶的方法整理並且理論化。

記憶的區塊可以藉著現代的科學找到點蛛絲馬跡，快速記憶的方法，也是建構在這立基點上，然而，學習方式的改變，記憶力的強化，卻遠遠地超過了醫學所能評量的。

陳光老師是我虛長這麼多年來，見過對教育最有熱誠，也是在各個領域裡最專業的老師，我為他的授課及演講方式瘋狂。陳光老師也成功的改變我們全家的學習方式，包括我兩個孩子及孩子的母親。我相信，陳光老師真的能改變全華人的學習方式。

我以我的專業，及最大的誠意，推薦這本書給所有希望改變學習方式、改變一生的朋友。

自序

很多人都知道陳光老師的妹妹是自殺的，十九歲的年紀，十五年前留下的遺書到現在我還背得出來：

「活的好累，好沒信心，面對一切事，什麼都做不好。與其如此，不如早點走。

請家人不要傷心，晚輩不孝，從小不努力，以後兄弟姊妹好好加油、更進一步。」

妹妹走了以後，如今的我沒有太多的悲傷，只想好好把教育這份事業做好。我把南陽街升大學數學拍成教學光碟在電視台公開播放；也把右腦記憶方法無保留的培訓給對教育有熱誠的老師，如今也陸續編輯成書。我希望激勵更多的人真心投入教育事業，我要打破千百年來人類根深蒂固的緊箍咒：百分之九十的人帶著才華出生，最後帶著才華默默地死去。

我要改變全華人的學習方式!!!

廿二世紀，是知識經濟時代的來臨，知識就是力量，就是我們的未來。

這是個搶奪知識的時代，今天我們一日內所看到資訊，要遠比達文西時代的人們一輩子看到的還要來得多。如何快速累積知識，決定你將來的成就。

我希望，也相信透過這本書，可以成功地改變你的記憶體，你已經擁有超人一等的記憶力，接下來能影響你一生的，就是你如何確實去「做到」了。

輸入知識，INPUT，MORE INPUT！

記住，大量輸入有用的資訊。你所吸收的資訊多寡，將決定你未來的成就！

僅以這本書送給我親愛的華人子弟

目錄

十八、身體定位

前言

高爾弗拉

四月廿六日，中廣新聞網報導：義大利二十七歲青年高爾弗拉記憶力超強，除了能一字不差地記住約兩小時的精彩演說，而且能準確地背誦出整本約五百頁的書的內容。

高爾弗拉說：他一歲以後的生活，至今細節全都記得。

為了當場驗證高爾弗拉的記憶力，觀衆先將他的兩眼矇上，然後隨意挑了六十個數字讀給他聽。聽過一遍，高爾弗拉就能憑記憶說出數字，而且能倒背如流（跟我的學生好像）。

高爾弗拉說，到目前為止，他已經記住了二百五十多本書的內容。據瞭解，高爾弗拉的父親及祖父也都有超常的記憶力，至於是家族基因的關係，還是個人獨特的學習方法讓他們有超人的記憶力，則還有待專家研究。

目前科學家正在研究記憶和學習如何改變大腦，並試圖藉由學習改變大腦的運作能力……。

有人會問我：「你這種超強記憶需不需要常常練習啊？」

我總會回答：「請你先告訴我，這世界上有什麼不需要練習的？」

走路需要練習，拿筷子需要練習，只有「放棄」這玩意兒都不需要練習。

除了放棄，這世界上有什麼是不需要練習呢？你覺得陳光老師主持節目、演講有練習嗎？

記住：一個人要人模人樣站在台前，背後要承受多少淚水？沒有練習，怎麼可能會有好的表現呢？

只是學了超強記憶，不用流太多滴淚，就能讓我們做任何事，都能有模有樣！

零、超快速人腦世界

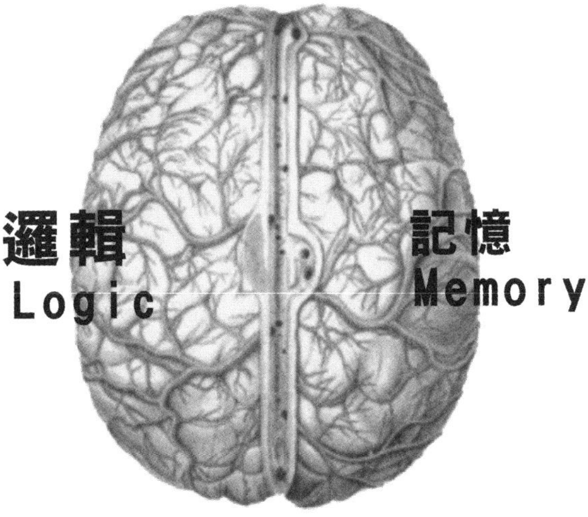

零、超快速人腦世界

教了這麼久的記憶學，也見過不少來上課的人。年輕的有小學五年級的學生，年長的可以到七十幾歲的老爺爺。

有人問七十歲的老爺爺，您這麼老了爲什麼還來上課？老爺爺笑著說：「萬一我活到一百二十歲怎麼辦？總不能靠孩子養我五十年吧？」老爺爺的話說出了不斷學習的重要。

然而，看了這麼多人，不論是來上課的，或是我平常遇到的人，眞有種感嘆，有太多太多的年輕人，好像從來不珍惜自己大腦的學習力，看輕自己的大腦功能。他們將自己的大腦設定了一個答案：「不知道」，以爲回答「不知道」三個字能解全天下的問題！把自己的潛能侷限住，眞的很可惜。

課堂裡，有許多是面臨了學業壓力的年輕學生朋友，過度而且失當的教育政策，讓他們無法好好品味求學習所帶來的趣味。記住，爲了產生智慧，我們需要

的其實是更有效率的記憶方法。然而，卻沒有哪個學校老師能提供正確的記憶方法給他們，一反大腦的使用功能、塡鴨式的錯誤教育還是沒有改變，教改只是讓鴨子的飼料變得更繁雜了！

曾經有個學生告訴我，有次他老師出了個關於影子的問題：沒有光源就沒有影子？答案在不同版本的書裡有不同的見解。當他收集了各個版本不同的資料告訴老師後，老師卻一副虛應故事的回答他：「這題題目出錯了，不算分！」一句話帶過？這是什麼話！如果老師心中對答案沒有追根究底的精神，是不是台灣的孩子一切就可以不在乎了？

教育是很重要的，當我們看到現在的教育政策在有些不求甚解的師長的錯誤方法下抹煞孩子的想像力，甚至有的老師唯一的教學方法就是打、罵，教改宛如只是不斷地換鞭子在抽打孩子們的心靈時，難道我們不能幫已經很辛苦的孩子們做些什麼嗎？

我要改變目前這廣大的社會價值，以及僵化的超乎想像的教育機器。我可以做到的，是改善學習的效率，省去記憶時間，讓學過超強記憶的人放全部心思在

「思考」上。

簡單的說：我想改變大家的學習方式。

新店有個高中生，在學了我的超強記憶後，一個月內，成績由全校的一百八十六名進步到全校第一名；有位七十多歲平常總忘東忘西的老爺爺，在跟了上我的課的孫子學習超強記憶後，能在三分鐘內記憶圓周率到小數點後面六十位以上，並且倒背如流。這些都是讓我欣慰的事情，尤其當這些類似的事件，在我的課堂上屢見不鮮時。令人驕傲的，是他們不放棄自己，他們願意爲自己努力，他們知道，自己其實不只是那樣，可以更進步。

當然，有時上課看到許多被家長逼著來的孩子，在課堂上搖頭晃腦，眼神空洞的看著我，也總是令我難過。但我知道我不能爲了這少數放棄自己的人，而否定了其他願意努力的人。

我想要幫助更多人，我希望更多人能因爲學習方法進步而肯定自己，能夠擺脫掉不該有的壓力。因此我試著以輕鬆而且淺顯的筆調寫出這些東西，希望能夠讓更多的人學習。

記住：人的腦就像電腦一樣，你無法用286型的電腦快速處理龐大的資訊。這本書，就像是一片將自己的大腦軟體能力提升的程式光碟。內容詳實的紀錄了大腦從286型提升成686新型電腦的方式。如果你看了書發現還有些疑問，或者對超強記憶的運用有了初步的興趣，想更進一步學習整個超強記憶的內容，請參加我所有的免費講座課程。

歡迎您加入686型的「超快速人腦」世界。

七的魔咒

七這個數字其實帶著點負面的含意，舉凡七竅生煙、七孔流血、七年之癢都不是什麼好詞，就連在外國，基督教裡有個第七封印，揭開了第七封印就代表世界要滅亡了。反觀在它兩旁的六，有六六大順，八，有「發」的含意，更氣死七的，就是許多人熱愛的三位數一六八，一路發，硬是跳過了七。

七就是這麼個帶點悲劇的數字，我們腦袋裡也有個七，七正負二原理，一次只能記憶七加二樣或七減二樣東西，於是懂得記憶術的人，利用七正負二這個腦袋裡天生的設定找出能夠記憶更多的方式。

這叫做山不轉，路轉；路不轉，人轉。巧妙的運用面對弱點，其實也可變成優點的。善用方法，雖然記憶的設定是七樣，你卻可以利用這點記憶不只記四十九樣東西。

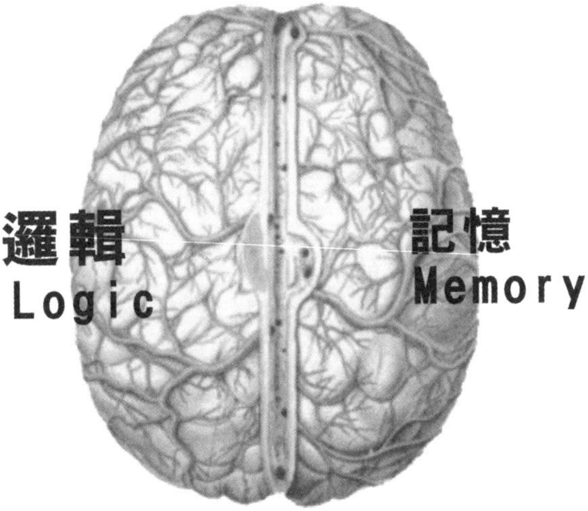
邏輯
Logic
記憶
Memory

你沒辦法教一隻豬飛上天，因為豬不是鳥。

但是豬卻可以搭工具飛翔。

人也一樣。人的記憶功能有與生俱來的設定：獨立的資訊，一次記不過七樣以上，厲害的人頂多記七加二，不厲害的大約七減二項；這就是七正負二原理。

所以，人如果不經訓練，一次能記的量實在少的可憐。

一、七正負二原理：如何一次記更多資訊

如何過目不忘以下資訊

經濟・戰略・心理・外交・

喙頭蜴・鱷類・龜鱉類・

蜥蜴・蛇・建中・北一女

一、七正負二原理：如何一次記更多資訊

台灣是個很棒的地方，別的不講，至少在吃這方面，台灣絕對有它獨到的一面，各國料理，各式吃法，其實這裡都有。就算是中東料理，還是什麼少數民族的特殊菜餚，在這裡只要有心就能找得到。而且，更特殊的是這裡的經營模式，這裡半夜到街上還可以喝得到咖啡；凌晨兩三點，還有在營業的鐵板燒。而每次總能讓我一些外地朋友驚喜的，當推這裡的吃到飽。

這裡吃到飽的東西五花八門，火鍋吃到飽、燒烤吃到飽、日本料理吃到飽、中式合菜吃到飽、蛋糕吃到飽，好像什麼都西都可以搞吃到飽這一套。

說到吃到飽這種方式，好像很久以前是從蒙古烤肉開始的，就是每個人拿個碗，然後去拿肉、食材，自己調配料，自然會有師傅幫你調理你自己搭配的東西；然後蒙古烤肉的模式變成歐式自助餐，裡面除了有蒙古烤肉外，還多了很多其他的東西，有飯有麵、中西糕點，讓人目不暇給，不過歐式自助餐的價位其實不算

低，不少人也只是偶一爲之；接著，火鍋也開始吃到飽了，好像是可利亞跟海霸王開始的吧！火烤兩吃，價位又不算太貴也吸引不少人，然後出現了涮涮鍋，接著出現一堆日式、韓式燒烤吃到飽。總之，吃到飽的出現眞的是證明中國人的特性，就是貪小便宜。

我的一些外國朋友，尤其是日本朋友，對於我們這裡的吃到飽文化，相當感興趣。所以每次有外國朋友來，管他是來幹嘛的，都要求我帶他去吃吃到飽。

有一次一些國外的朋友來，我就帶他們去吃日式燒烤吃到飽。吃到飽的東西五花八門，吃到飽的規定，其實也不少。有的是坐下來後什麼東西都要自己動手；有的是只限定某些東西可以吃到飽，某些東西只能點一次；有的則是盡情地點餐；有的則是只有在某段時間內吃到飽而已。

總之，那次就帶了幾個國外的朋友去吃那種點餐的。小小的桌上，一堆人擠在一起，桌子中間一只熱騰騰的火鍋，一張燒得紅通通的烤肉網。因爲是吃到飽，所以菜單並太大張，一張設計過的長條形護貝紙板，上面密密麻麻地寫著食材名。

都說了，桌子不太大，叫個幾回，那張菜單就被擠到某個已經清空的盤子下面了。

突然有人提議再叫點東西，卻找不到菜單。

牛肉、焦鹽牛舌、牛五花、牛小排、豬五花、豬小排、大腸、羊排、青椒、香菇……。覺得一直找菜單實在太麻煩了，我索性花一分鐘將菜單上的內容全部記下來。

有人認為記這樣的東西實在有點浪費自己的腦細胞，剛好相反。人的記憶過程彷彿左腦在跟右腦揮棒，想想：一天揮一次球棒與一天揮一百次球棒哪一種肌肉會訓練得比較強？

當然是揮棒一百次。

每天找不同的資訊練習記憶，就不會陷入「用進廢退」的悲劇。

◎陳光老師小教室

七正負二原理

人的大腦記憶有限，一次只能記憶七項東西。就算經過訓練，腦的連結比較發達的人，大約也只能多記得兩樣；腦連結比較弱的，就比七樣少了兩樣，這就是所謂的七正負二原理。而這個基準點「七」，就是古羅馬人說神奇的七。

試著大聲唸三次以下的數字：12185459632569875523265545855785544

好，蓋起來，試試你能夠唸出幾個數字？

既然有這個神奇的七擋在我們腦子裡，干擾我們記憶。或者說這就是古希臘悲劇裡所說的人的悲哀天性啊！不管如何，記憶的捷徑就在如何突破這點的限制。我們得要想辦法騙過腦袋，騙過我們不可抗拒的天性。

因此，既然一次只能記七樣，那就記七樣吧！加上我們的腦袋本身就有著把東西分列排序的功能。一定有方法能夠方便我們的記憶。

大項不超過七樣，每個大項放七樣東西，七七四十九，一次就可以記到四十九樣。但是記著：七個以內的東西記憶必須合乎邏輯；一個大小關係，或者一個順序關係。舉個簡單的小例子：

汽車、
DVD、
筆筒、
電視、
VCD、
方向盤、
CD、
輪胎、
電腦、
音響、

書桌、

漫畫，

一共十二樣東西，看完後，根本不需花時間就能記憶。

先利用大腦重新排列的功能，將這十二樣東西分門別類地系統排序：

1.跟車子有關的：汽車、輪胎、方向盤、CD。

2.跟影音視聽有關的：電視、音響、VCD、DVD。

3.跟書房有關的：書桌、電腦，筆筒、漫畫。

大致分爲車子、影音、書房三類（切記，大項務必控制在七樣以內），每大項不超過七個子項。

不要忘了，稍微以邏輯提示右腦：

車子：

車庫裡有輛汽車，

汽車「外面」有輪胎，

「裡面」有方向盤，

旁邊有CD→汽車、輪胎、方向盤、CD，記起來了嗎？

影音：

影音的部分有電視，

電視外加音響，

音響上有好一點的DCD，

和普通一點的VCD→電視、音響、DCD、VCD，記起來了嗎？

書房：

書房裡有書桌，

書桌上有電腦，

電腦旁邊有筆筒，

筆筒旁邊放著漫畫→書桌、電腦，筆筒、漫畫，記起來了嗎？

接著你只要捨去中間的連接詞，留下記憶末端的物件，輕鬆簡單地就能夠記下這十二樣東西。

一般來說，如果只是大聲背誦，記十二樣東西除了時間久，還會東漏西漏。

隨著數量越多，所花的時間也成倍數增加。假設記十二樣要花五分鐘，廿四樣要十五分鐘，三十樣要超過半小時，四十九樣就要記三小時了以上了。九十八樣呢？

善用七正負二原理，每大項、每小項只要不超過七樣，不用背，大珠小珠落玉盤，一次竟能輕鬆記下四十九樣物件。

我的菜單，就是利用七正負二原理在一分鐘內記下的。

◎作業：牛刀小試，嘗試在三分鐘內記憶以下三十樣物件

鉛筆、襪子、鏟子、VCD、吹風機、床單、衣櫃、考卷、橡皮擦、音響、鞋子、盆栽、牙膏、斧頭、褲子、DVD、臉盆、睡衣、原子筆、立可白、枕頭、馬桶、花、皮帶、電視、肥皂、背心、草地、卡拉OK、棉被。

提示：

一、請先將資料分割並控制在七大項（以內），每樣不超過七項。

二、利用七正負二原理，每項每類不超過七樣。

三、一個大小、一個方向、一個邏輯就能輕鬆記憶。

創造自己的價值

一個猶太人家庭在世界大戰後逃到美國，他們爲了逃難，幾乎拋棄所有的家當財產，在美國過著艱苦的日子。但是他們並不以此爲苦。「孩子，你要跳脫一般人的思考！」父親總是這麼地告訴孩子。

當時他們接觸到木材的買賣，有天父親對孩子說：「兩片木材的價錢，會是一片木材的兩倍。是嗎？孩子。」小孩點了點頭說：「這是毫無異義的啊！」

「是嗎？」父親緩緩地說：「那你拿兩片木材做成一扇門看看，價錢會是一片木頭的兩倍嗎？」孩子恍然大悟地點點頭。

幾年後，小孩長大成人，他湊了筆資金到紐約發展。當時他還不知道要在這繁華的大都會做些什麼？當他到了之後，得知當時紐約市政府正爲了自由女神港口附近的垃圾問題苦惱，沒有一人願意擔下清理的工作，不只是因爲政府方面願意付的酬勞本來就比較低廉，事後如何處理這些廢物更是個大麻煩。

他知道狀況後，到港口看了一下，也沒問政府願意支付多少報酬就立刻接下

了清理的工作。所有人都等著看他的好戲，看他怎麼處理大家都處理不來的問題，大家都覺得這傢伙是傻子。

沒想到，他另外籌措一大筆資金，弄了間廠房，雇人將港邊所有的廢物運送到他的廠房裡。在那裡，他把廢銅破鐵熔化製成自由女神的小像，又把浮木做成底座。無法製成塑像的錫鉛，就做成鑰匙。他靠這些東西賺了一大筆錢。

他沒有把清理出的廢物丟掉，反而轉換成更有價值的東西。因爲他不只是看到事情的表象。我們也是，我們的腦子其實跟其他人沒兩樣，但是要如何創造屬於我們的價值，就看我們願意怎麼做。

不要再縱容自己的腦袋荒廢萎縮，好好地開始運用你的大腦，創造人生。

小飛俠彼得潘裡有句話：「石頭跟棍棒可以打斷我的骨頭，你的冷嘲熱諷卻傷不了我。」仔細想想這句話，其實是很有道理的。我們常會因為人家一兩句可能無意的言語而覺得受挫。然而，請記住，只有你自己能讓自己受挫。

只有你自己，可以決定別人是否進入你的世界傷害你。但你要先學會如何控制大腦的思緒。如何控制大腦的思維，請詳閱大腦的使用說明書。

二、大腦使用說明書

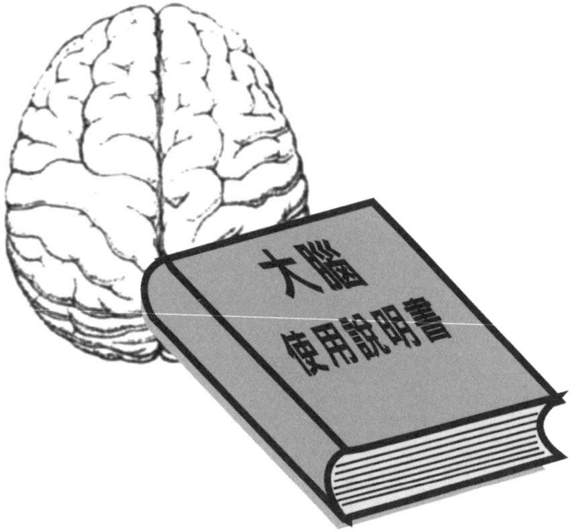

二、大腦使用說明書

許多機器都附帶說明書，尤其是越精密的儀器。想想：宇宙裡最精細的東西是什麼？是腦。腦是宇宙中最精密的東西，因爲所有的精密的機器都是腦設計出來的。腦這麼精細，自然也一定有大腦的使用說明書。只是很少有人有機會看到這本說明書，一輩子濫用自己的大腦而不自知。難怪專家指出：人的一生從出生到死亡，平均一個人使用大腦的功能，竟不到全腦的十分之一！

所以很多人帶著才華出生，最後帶著才華默默死去……。

常有人知道我會教超強記憶，就會問我：「那眞的有用嗎？」或者：「我孩子很笨，記性差，這樣也可以學嗎？」

其實，只要不是腦袋受過創，或者智能障礙的人，這世界上所有的人智商都

是一樣的。天才，也許理解力比別人強一點，但是，這一定是對腦的功能做出訓練得出的結果，一般人稱爲潛能激發。記憶力這種東西，每個人的天分都一樣，但可以用方法補強的。就像是音樂、畫畫一樣，這世界上會有幾個貝多芬、莫札特？會有幾個梵谷、畢卡索呢？

如果我們聽過史蒂芬史匹柏的故事，或許一切將獲得解答。

史蒂芬史匹柏小的時候就是個想像力十足的孩子，有天，他母親買了一些畫筆給他，史蒂芬史匹柏喜歡極了。

這天當母親回家後，卻驚訝地發現小史蒂芬史匹柏將客廳裡的整面牆當成了他偉大的畫布。

母親訝異之餘，非但沒有責備他，還帶著他到大賣場買了更多的畫筆及水彩回家。這晚，他們從客廳畫到房間，從房間畫到浴室。母親讓他盡情地揮灑著他的創意。

試想，如果他母親當時痛罵了他一頓，或者禁止他再畫畫，或許我們現在就看不到充滿創意及想像的史蒂芬史匹柏了。

記住：縱使是天才，如果在經驗上不小心被刻意壓抑了，他的腦袋也同樣地會被影響，終至逃避，然後萎縮。

盡量使用腦力思維也是變聰明的一個方法。聽過龜兔賽跑的故事吧！烏龜速度慢，兔子動作輕巧靈活，結果兩個人賽跑，因爲烏龜努力不懈，還是贏得了比賽。其實如果烏龜懂得走近路，加上努力，那就更有贏得比賽的可能。

而這條近路，就是方法，靠著方法，我們可以縮短與那種天生就很會記東西的人的差距。

這是無關記憶好壞，無關年紀大小的。在我的課堂上，有一位七十多歲的老先生，他就像是一般的老先生一樣，退休後也沒別的事做，不需要像以前以樣動腦筋，記東西也記不太住，總是忘東忘西的。然而，這眞的是記不得了嗎？他並沒有老年痴呆，只是他忘了常用他的腦子，他也忘了把以前記得的東西，收到腦袋裡的哪個區域去了。

然而，在他的小孫子，也就是我的學生教導後，他除了能記憶圓周率到小數點後面六十位以上，也把高速公路沿途會經過的收費站、交流道，台灣二十五條

河流在幾分鐘內全都記下來。你能說因爲他是記憶天才嗎？他之前還是個忘東忘西的老人家。甚至還有把孫子遺忘在麥當勞，自己就開車走掉的紀錄耶！

學了超強記憶後，他卻能夠記下許多年輕人都無法記住的事，這證明記憶只是方法的問題。

在我的課堂上，有個高中生，上了我的課之後，一個月內，從學校第一百八十六名，進步到全校第一名。這證明名列前茅的同學，與其說是天賦異稟，不如說是方法正確，他們有企圖心，再加上懂得用正確的方法學習。

成功對他們來說是指日可待的，他們願意訓練自己的大腦，願意讓自己的左右腦連結更靈活。

當然，不能保證所有上過超強記憶的人都能夠瞬間記憶力驚人，因爲教學這麼久，總會見到有些放棄自己的人，一開始就認定自己絕對學不會，一開始就放棄學習。當自己都放棄自己了，神仙也幫不了他？什麼樣的人都能夠救，只有不願意被救的人，是無法拯救的。

曾經有個故事：有個人在橋下工作，突然下起大雨，他跑不掉，就抱著橋下的柱子，不斷地祈禱神來救他。就在這時，橋上垂了條繩子下來，叫他快拉著繩子上去。但那個人堅持神會來救他，所以沒有抓住繩子。過沒多久，又有一條看起來更牢靠的繩子垂下，他一樣沒接受；之後又垂下一條，這個人還是堅持神會幫他。

但神終究沒出現，最後命喪水底。到了天堂後，這個人問神爲什麼不救他？是不是他做錯了什麼。神只是告訴他：「我放了三次繩子，你都不願意拉。你沒有做錯什麼，是你什麼都不願意做。」

只有願不願意繼續思考，繼續用腦，繼續透過課程讓大腦連結的人，沒有什麼笨不笨，沒有什麼記憶力強不強的問題。只要願意，都不會太遲。

但重點是：先看過自己的大腦使用手册。

◎陳光老師小教室
大腦使用說明書

人的大腦分成左腦與右腦。左腦掌管的是邏輯思考，右腦掌管記憶。

左腦理性，右腦感性。

處理諸如數學運算、說話、閱讀、寫字之類需要理性思考邏輯順序的動作行爲都由左腦主管。

而右腦主要則比較憑直覺，像是欣賞音樂、藝術、創造力、身體動作，也就是所有依靠直覺反射的非語言行爲，都是由右腦主控。

所謂的記憶，簡單地說就是左腦與右腦溝通協調，右腦提供答案的過程。

透過左腦、右腦內記憶體海馬回的運作，理解與記憶得以連接。而海馬回的功用其實有點像是公務員，它有它的既定任務，不會去創新什麼，也不管事情有多重要，只是很認眞地掌管自己的職務：記憶。凡是夠炫的，右腦就照單全收。

看過一部電影，女鬼從電視裡鑽出來，看到的人都會死的那一部，是哪一部呢？你知道是七夜怪談。那你記得那部片裡女主角在片子裡叫什麼名字嗎？

你爲什麼記得她叫貞子呢？爲什麼到現在我們還記得她？因爲她從電視裡鑽出來的那一幕實在太炫了，嚇壞了不少人，許多人的大腦裡留下深深的痕跡。理解嗎？因爲那影像太震撼了，一次就在你的右腦留下痕跡。而片子裡另一位貫穿主軸的女記者的名字，你記得嗎？貞子爬出電視只有一兩幕，卻令人難忘，就是因爲如此。

海馬回盡職地掌管控左右腦資訊的流通。打開海馬回，記憶自然進入大腦。之前提到的七正負二原理就是打開海馬回的戰略之一。

記住：打開海馬回，記憶自然進入大腦。

柏拉圖也說過：「所有的知識不過是記憶的表達。」那些經過時間的累積，被人們整理記錄下來的有用記憶，將會成爲知識。當然，也有些沒有裝到我們腦

袋裡，或我們用不到的雜事，這些贅字對我們來說一點用也沒有。但是有用的知識記不起來，就虧大了！因爲能夠進入到我們腦袋裡，而且進入長期記憶的物件，將會排列組合轉換成我們所擁有的智慧。

至於遺忘，爲什麼人們會遺忘呢？試想著我們的右腦是一張沙發，軟硬適中很舒服的一張彈簧沙發。記憶的資訊就像是坐在這張沙發上的人，坐下去後就會在沙發上留下一個印子，不過只要起身，沙發上的印子就會慢慢地消退，一段時間後，船去水無痕，沙發彷彿從來沒有被坐過，這就是遺忘。輕輕坐一下，印子留得淺，一下子沙發就澎起來；坐得久點，沙發就塌久點。而坐得更久了，坐到沙發裡面的彈簧彈性疲乏，那麼，這記憶就算永遠留下了。而我們在講記憶法時，就是要讓自己以最短時間，在右腦沙發上留下印子。既然要留下印子，爲什麼不一次乾脆把彈簧坐斷？

當然啦！反覆大聲朗誦可不可以？可以，但這彷彿在沙發上搔癢，你試試要朗誦幾百遍才能將〈常恨歌〉、〈琵琶行〉記下來？而有人卻五分鐘內就可以！圓周率，七十歲的老人三分鐘內就能記憶並倒背，你覺得你要朗誦幾次才能背超過小數點後面六十位呢？

大聲唸書根本不是記憶的方法，最近一口氣說英語能正音，應該不是優良的記憶方式。記住：超強記憶，就是讓你能在第一次就把這張沙發的彈簧給坐斷。

或者就把連接左右腦的海馬回視爲一條虛擬公路，公路的長或短由你來決定。你可以繞一大圈讓記憶連接，也可以用最快的速度到達，讓你的左腦、右腦有效率的連結，讓你在最短的時間內把資訊留在腦袋裡。

記憶的路程絕對有捷徑，就像從台北到台中，你是要高速公路直直走，還是要繞宜蘭、花蓮，繞台灣一圈到台中，端看你的選擇。

◎作業：附大腦圖

大腦使用說明書

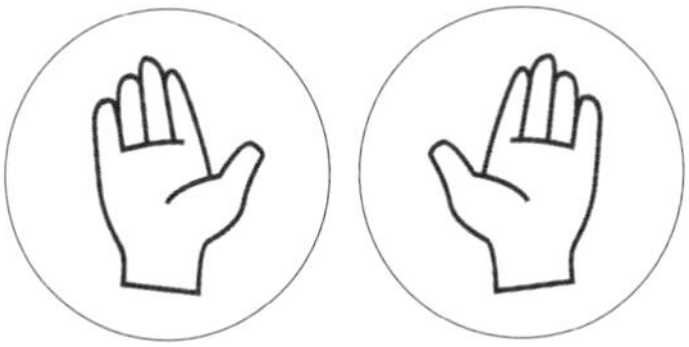
理性思考
邏輯順序
左半腦
右半腦
記憶主管
非語言行爲
直覺瞭解
立即反應
身體動作
身體右側
的控制
身體左側
的控制

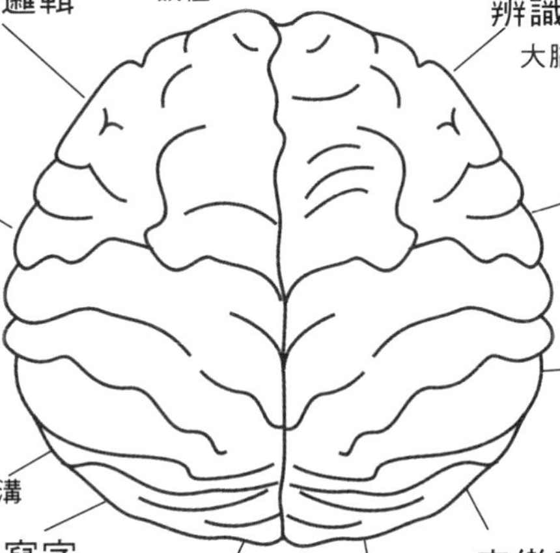
數學邏輯
額極
辨識臉孔
大腦縱裂
説話
身體
動作
閱讀
創造力
中央溝
寫字
枕極
音樂欣賞
理解
直覺

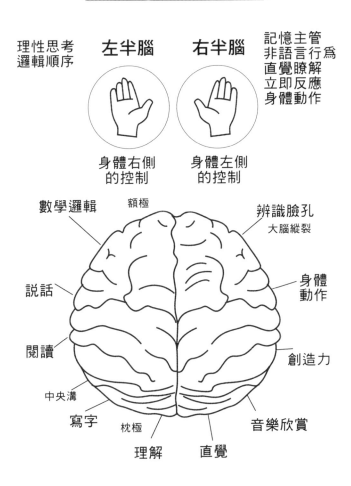

等一下再看

一個印度的古老故事是這麼說的，有個國王打算要謀害鄰國的國王，想要以此造成對方國內的混亂，藉此達成侵呑鄰國的目的。他打算在晚飯中下毒毒死鄰國國王。

有個與鄰國關係不錯的大臣知道這件事後，便偷偷地寫了一封信給鄰國國王。讓國王在對方動手的當天下午先拿到。

當大臣們將這封緊急的信件交給國王時，國王正打算開始享用他的晚餐。

「先放著吧！」國王慢條斯理的說道：「我正要吃晚餐呢！會有什麼事這麼急呢？信我明天再看吧！」

我們常會縱容自己，總以爲還有明天，明天再讀、明天再說。

愛賓豪斯說：明天再說，明天再回想，就等於遺忘。

◆二、大腦使用說明書◆

不過，仔細想想，這世界上爛事還真的不少。就是因為爛事這麼多，才顯得這世界的無奈。

如果這世界所有人都是完美無缺的，就很容易突顯出自己的缺陷。

一個人如果對爛事是不能遺忘，一定會被送到神經病院去。所以，究竟是記憶重要？還是遺忘重要？

三、愛賓豪斯遺忘曲線

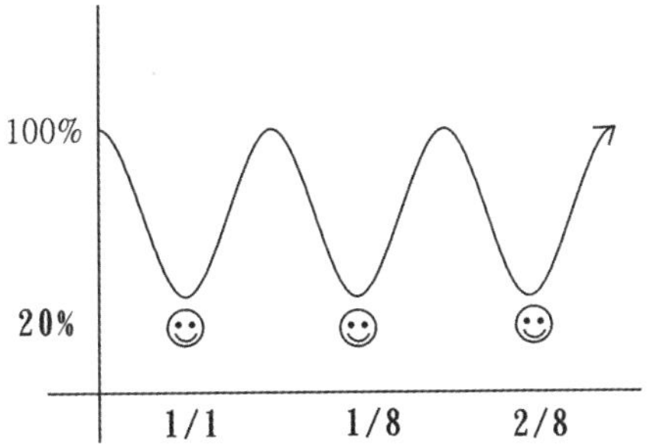

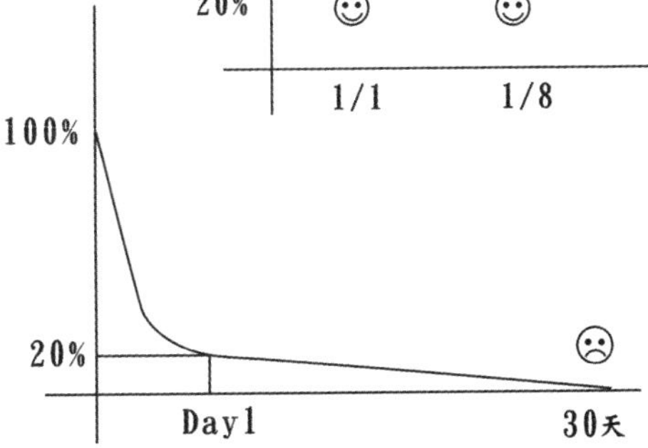

三、愛賓豪斯遺忘曲線

比起記憶，遺忘更是重要許多，太多記憶垃圾要定期清除。卸下袋中沈重的雜物，才能裝得更多，走得越遠。

有位學生家龍，大學的時候交過一個女朋友，很可愛的一個女孩子，身高不高，留著一頭長髮，笑起來很甜。

她是家龍的同班同學，又因為修了同樣的通識課，所以兩個人見面的機會自然更多。她是那種很迷糊的人，傻大姊的那型，常常會忘東忘西。有時候會忘了約定的時間，或者，忘了教授要求交報告的時間。

不過啊！就是因為她這麼迷糊，才顯得她可愛。她的人緣不錯，我想跟她的迷糊健忘有很大的關係吧！

家龍在大二那年大膽地追求她，對英俊的家龍來說，當然是手到擒來。然而，剛開始的熱戀期間，真的是每天如沐春風，然而，當熱戀期過後，難免會有

所爭執。

猜疑、誤會，這些情緒在愛情過程中會不斷的出現。而每次吵架，她平常的健忘跟迷糊，就像是某種已經痊癒的疾病，突然之間，她的記憶力變得驚人，好到讓人咋舌。

「你前兩天說過什麼什麼、大前天說了什麼什麼。」這些雞毛蒜皮的小事，她竟然能記得一清二楚，每每成爲用來數落家龍的罪狀。

家龍想，這些東西已經進入她大腦裡的短暫記憶區了，當然啦！情侶吵架總是難免，和好以後也就沒事了。

不過，不是所有人的交往都會是平順無波，或是偶起風浪。有時候，會掀起驚濤駭浪，比莎士比亞悲劇情節還充滿悲情。人性的衝突、矛盾、欺騙、誤會、猜疑、妒忌，這就是愛情嘛！就像是法國電影一般，前半個小時兩個人相遇、戀愛，接著一個多小時就開始吵架。

家龍總是希望她會忘掉一些不愉快的小事，不過呢？不斷地反覆記憶下，那些兩個人的記憶就這麼迅速地進入大腦裡的永久記憶區，而且，還因爲大腦調閱的次數太頻繁，三天兩頭就要提出來一次。

依照愛賓豪斯的三次遺忘曲線理論，大約在遺忘前，只要三次重新回憶記憶的原件，這些記憶原件就會進入大腦的永久記憶區，就會永遠記得了。果然，她不只是回憶三次、四次、五次、六次。一直不斷地反覆記憶，那些他們之間的不愉快全部都記得一清二楚。

當然啦！戀愛就是這樣子，當不愉快的事情擴大到某種地步之後，其實分開會比在一起還快樂。和你我第一次戀愛一樣，他們終於還是走上了分手的路。

從此雙方體會到，遺忘是件很重要的事情，如果人不懂得遺忘，不願意去遺忘。很多的痛苦，會不斷地反覆。而因為反覆，那些痛苦就會不斷地在大腦中成形，直到承受不了。

◎陳光老師小教室

愛賓豪斯遺忘曲線

遺忘是我們腦袋瓜裡相當重要的一個程式，透過遺忘，我們可以刪除掉不需要的資訊，透過遺忘，我們可以拋掉些對我們心理不太好的東西。

就如同牛的反芻一樣。

吃素的牛，如果不小心吃到了近海捕獲的半尾魚，很可能不到半天時間便會暴斃。這是因爲牛有反芻的能力。牛有四個胃，先把吃下的草在第一個胃裡消化一下，接著第二個胃，第三個胃，第四個胃反芻，然後才能獲得食物中的能量。如果魚中含有重金屬等毒素，牛會不斷在四個胃中反芻，會擴張了對毒素的吸收。

人面對負面的資訊也有反芻的能力。

世上沒有過目不忘的人，因爲遺忘是人的本能。想想看，如果你有過目不忘的能力，你最好保佑自己不會不小心看到出殯靈車上的照片，身爲一個過目不忘的人，你會永遠記得照片裡的那個笑容，照片裡的人很親切地對著你笑！如果你是個不會忘掉任何事的人，你更要保佑自己不會在路上目睹什麼意外現場，你絕對不希望看到路邊的車禍，尤其是裡面一片血肉模糊的樣子，身爲一個不會忘記事情的人，你覺得永遠記得這樣的景象你會不會瘋掉？

所以遺忘是大腦記憶中相當重要的一個機制，藉由遺忘，腦可以漸次地排除掉我們所不需要的事物，而留下最純粹的物件。

說到遺忘，就不能不提提愛賓豪斯了，他提出了一個遺忘曲線理論，相當重要的理論。

當我們學習記憶一樣東西，集中精神全力記憶，就假設我們一開始就能記得百分之百，然而，當我們把資訊收入腦袋瓜之後，如果就這樣擺著不理，這些記憶就會越來越淡，越來越沒了痕跡，到最後就會永久遺忘，這麼說吧！你還記得數學裡的加減乘除運算，那請問一下，你還記得Sinθ、Cosθ是幹什麼的嗎？因爲

你長期沒有使用，甚至你當時學完就擺一邊了，你的腦在你不知道的時候，開始質疑這些資料的重要性，是要收起來呢？藏起來呢？還是乾脆丟掉算了？

這就是你的腦袋，運作得像個公務員。

那麼，我們就得好好利用這個機制，讓我們的記憶能夠在腦袋裡留下痕跡。於是愛賓豪斯提出的三次遺忘曲線，就是在說明記憶消退的時間間隔約莫是八小時，在你記憶後的八小時之間，所記憶的物件會慢慢地消失，由百分之百，漸漸地掉到百分之二十左右，如果在沒掉到百分之二十前再次回想，這些記憶就會流失，你得要重新記憶下來才能再回到之前所記得的程度。

以八小時為單位，我說過，你腦袋在處理記憶這回事時就像個盡職的公務員，只會幫你保管記憶八個小時，要如此反覆三次，這些資料才會進入到永久記憶區，也許它只是收藏在腦中不知道哪裡，但就是記下了。

但若是你超過八小時，甚或根本不回想，這些記憶物件會越來越淡，從百分之百，百分之五十，百分之廿……，到最後你會什麼都不記得。

抵抗遺忘曲線最好的方法，就是二十四小時內做三次回想。看到學校成績好的同學嗎？他們的做法是不是老師上完課的那堂下課馬上整理並回想，當天回家在睡前就要回想第二次，隔天早上再回想一次，總共三次，一些重要的資訊很快就進入他們的長期記憶，難怪成績那麼好！

◎作業：遺忘曲線圖

當我們百分之百的專心時，第一天所記憶的東西會在當天晚上掉到百分之廿左右，因此我們需要反芻記憶。而這些東西會在七天左右再次掉到百分之廿，重新記憶後的東西會在三十天後再次降低到百分之廿。在記憶流失前反覆記憶三次，東西就會進入永久記憶區，將不會遺忘。

然而一般學生，即使是百分之百的專心，卻因爲沒有反覆思考記憶，第一天降到百分之廿，第七天，一個月，這些資訊會不斷地流失，終究完全遺忘。

戰勝遺忘曲線～愛賓豪斯

1.

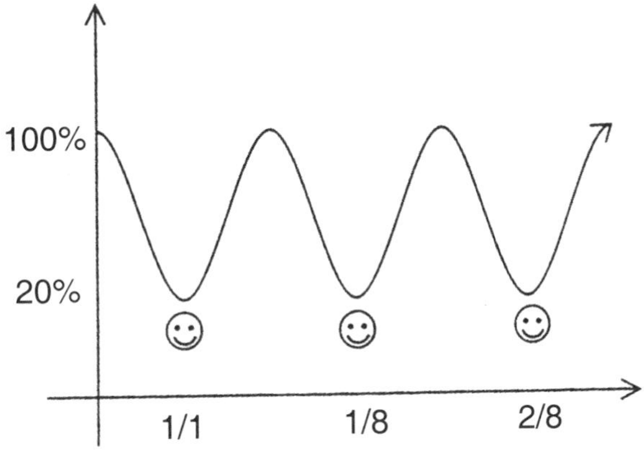

2.

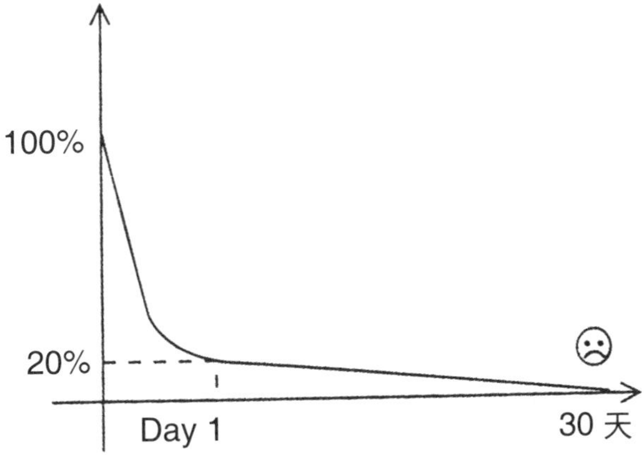

不少人都希望能爬到金字塔的頂端，然而其中絕大多數人卻總在底層徘徊，向現實屈服。

爬上金字塔的理想是值得努力的，更可以與現實結合，只要你用有效的方法，並全心一意的想爬上金字塔的頂端。

記憶是有方法的，只要你將資訊放在金字塔的頂端。

四、記憶金字塔

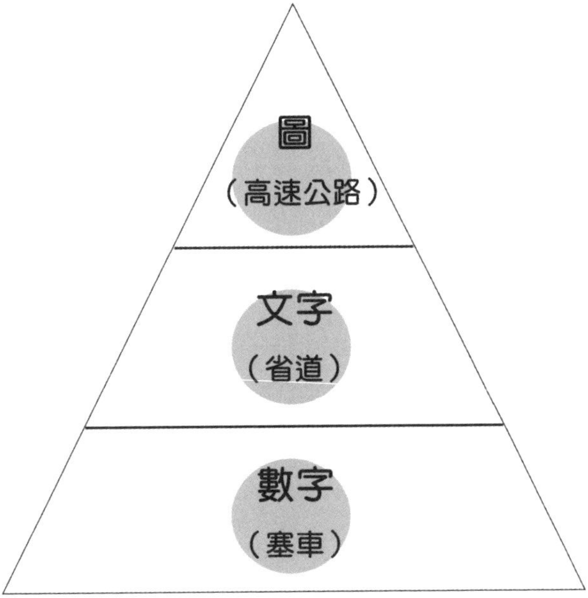

四、記憶金字塔

台灣一年一人平均只能閱讀二・二本書。並不是大家不長進，而是書對一般人來說，眞的不好唸，密密麻麻的文字，根本記不起來。

但一般人還不知道，陌生的文字，對人類來說是沒有記憶功能的，因爲文字本來就是拿來做記錄的。

我到現在，說到某些東西時，腦海中還會浮現一些畫面，有些是當我很小很小時候接觸的東西；有時候是某個讓我印象深刻的事件。雖然，這些可能只是一大堆東西中的一樣，但就是會取代我腦袋中的其他同等物品。

舉例說：瑞士。我對瑞士的記憶是瑞士刀，你呢？

瑞士刀只是瑞士一大堆東西中的一樣，但就是能夠涵蓋我腦袋中所有對於瑞士的印象，這就是人的邏輯式記憶。

像是現在講到電影，我腦海裡面一定會浮現一部印象最深的電影的某個場

景。因爲這是人對於圖像的記憶比較鮮明的原因，圖像比文字多了形體，比較容易記得，至於數字，在沒有固定的回憶影像下又怎麼能夠牢牢記住呢？這也是爲什麼數學總是難倒許多人的原因吧！

很多人喜歡看漫畫，還記得讀大學的時候，雖然課業、雜務，身邊事情很多，但我就是一定會找出時間看《小叮噹》。除了小叮噹能滿足人的想像空間外，看漫畫實在是一件很愉快輕鬆的事情。只是，隨著年紀增長，事情越來越多，看漫畫的時間越來越少了。

以前還沒有發覺，自從沒什麼時間看漫畫後，有時候講到一件事情，腦中就會浮現一個景象、一幅畫。當然，這是我所看過的漫畫片段。還記得有一次是出版社叫了快遞來我這裡拿東西，結果快遞拿單子給我簽名的時候，我一看「加菲快遞」，突然想到一幅以前曾經看過的加菲貓，很快的，我的腦海中畫的就是這家快遞公司，好像他們的老闆長的就像加菲貓?!雖然這已經是我許久前看過的漫畫。而且，我已經模糊了這一幕，只是，看到了這加菲名字，又想起來是連接著那幅圖。

就是因爲我們對於圖像的記憶會比較迅速，也比較久。因此，我在許多東西的記憶上，都會試著轉化成像漫畫般的誇張圖畫，確實會比較好記。因爲研究指出，人約莫在六歲的時候，聽覺與視覺的聯繫就斷掉了，六歲之前，聽到等於看到，但六歲之後，因爲連接耳朵與眼睛的皮質層萎縮了，聽到不等於看到。

舉例說：六歲之前，提到綠色，提到藍色，會想到藍色的天空，綠色的草地，然而現在呢？綠色會聯想到什麼？大部分的人是「民進黨」。聽覺與視覺的聯繫斷掉了，我們開始用邏輯來記憶。

然而圖像，確是人類最原始的記憶本能。

用點猛一點的形容，第一次看的鬼片絕對讓人印象深刻，會記得裡面的畫面，也許有人看得仔細點，會記得裡面出現的人物長相、場景；但是，有多少人記得第一次看《聊齋誌異》的句子呢？可能只會記得那些句子所描述出的場面，說來說去，還是圖像容易記。

大凡宇宙說穿了可以分成三種記憶原件，圖像、文字、數字。但是，能夠在腦袋中留下印象的，只有圖像這種具體的原件，以及已轉化成可理解的文字那一

部分（就像瑞士已轉化爲瑞士刀）。其餘的，如果沒有辦法轉化成圖像或可理解的文字，要記下來，是需要相當大的努力。

◎陳光老師小教室

記憶金字塔

宇宙中，其實只有三種東西要記：圖像、文字與數字。說到文字，文字本身並沒有記憶的功能，文字是用來記錄的，這點絕對要記得。至於數字，因爲是沒有先天圖像，只有符號，在大腦中比較不可理解，所以需要轉碼爲可理解的才能記憶。這也就是爲什麼學生對於歷史年代、河流長度等資訊一目十行，過目就忘。

我們發現，如果將需要記憶的東西，透過巧妙的轉碼，轉換成可以理解的文字或圖像，或者「假裝」理解的邏輯後，在記憶的能力上就會爆衝出來。

我得要持續聲明一些觀點，這觀點會出現在我所有之後的講解中，因爲這是相當重要的訣竅。就是宇宙中只有三件東西要記，圖像、文字及數字，這些東西建構出了個記憶金字塔，頂端是圖像，然後文字，底層則是數字。金字塔越上層，記憶能力越好，金字塔越下層，記憶能力就越差。

在這裡我們得要先講解一下關於這個記憶金字塔。

數字本身是相當抽象的，因此，不論是一連串我們已經熟悉的數字串，或者是隨機的亂碼，我們都要將之轉換，當然在七正負二原理的架構之下，將數字轉成可理解的圖像，一次七個，一個大小方向順序，這可以方便我們對於數字的記憶。類似的運用，之後會有說明。

我們再講講關於文字。文字本身其實也不能記憶，它的功能是「記錄」，不同的國家會用不同的文字記錄同一事件。而文字本身，其實也是個抽象的符號。對我們的邏輯而言，文字可以區分爲兩大類：可理解的文字，與不可理解的文字。

可理解的文字：包括具體與抽象兩種，這些都是有邏輯可以推論，是可以依照我們腦袋中裡已經有的記憶來解讀的。

記憶金字塔

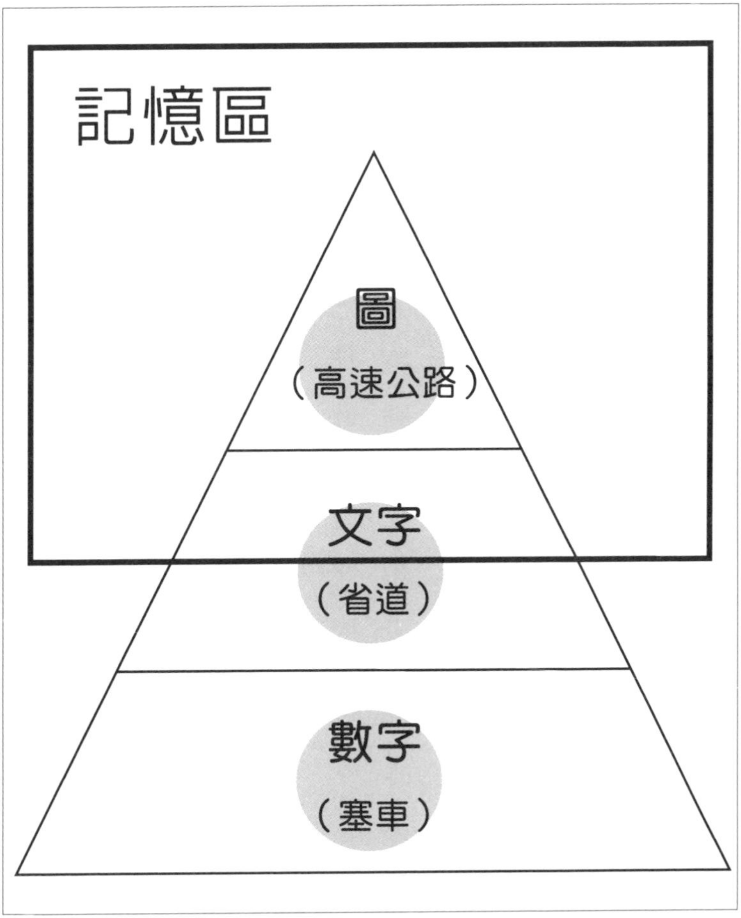

不可理解的文字：這是無法用邏輯來推論的文字。諸如人名、地名、專有名詞與外語都是。這類文字在記憶上都是無法用邏輯理解的，像是要怎麼理解霧社抗日英雄「莫那魯道」呢？莫那魯道是古人，所以提到莫那魯道腦袋裡無法有他的樣子，但如果我們不理解莫那魯道，要如何記憶呢？「魯道」聽起來很像「滷蛋」，摸那滷蛋怎樣？日本人好色，摸他那滷蛋讓他發笑，就能讓他們放棄對台侵略，瞧！是不是很容易就記住了？

同樣的，約維雷伯度克（自由女神設計師）、胼肢體（醫學名詞）都無法記憶，但可用自己的邏輯理解，提升記憶的層次。於是在記憶這些東西時，我們只要需是將之轉換成可理解的文字或具體樣貌，也就是用「已知」導「未知」。轉換時，已知的物件與未知的物件是相關的，讓它們發生關係，我稱這技巧為假裝瞭解。

例如：「胼肢體」——「便宜」的「肢體」，你記起來了嗎？

最後我們再講關於圖像。對於圖像的記憶是比較強烈的，當我們最早在記憶啓蒙的階段，圖像便是我們的記憶模式。提到爸爸，我們會想到了自己的爸爸；

提到電視，我們會想到了家裡的那台電視或生命中看過最炫的那一台。每個人的經驗造成邏輯不同，所以對同一個名詞，每個人的圖像也不同。

圖像對於記憶來說，最好符合幾項要件會比較容易記憶，圖像要

1. 清晰明白。
2. 色彩鮮明。
3. 最好有動作。
4. 必須配合感官（視、聽、嗅、味、觸）。

這些條件會讓圖像本身的感覺較爲強烈，也容易記憶。

簡單地講吧：女人與美女，哪個容易記憶呢？穿著平凡，站著不動的美女，與穿著火辣，跳著熱舞的美女，哪個容易記憶呢？如果你也能運用嗅覺聞到美女的味道，而這時如果美女回過頭來竟然是許純美，還有誰會記不住呢？

圖像分成動態與靜態兩種，顧名思義，動的跟不動的，相較起來有動作的更容易記憶。所以在我們試著記憶的過程裡，已經在動的或能動的，不妨讓它動作誇大點；而不動的或不能動的，何妨讓它動一下，造成相對的強烈概念與印象，

提升記憶層次，這就是記憶的原理。

最後記住，柏拉圖說過：「所有的知識不過是記憶。」經由這句話，我們理解到，記憶裡已經被我們所永久記憶的，就是已經灌輸在我們腦中的知識，而這已知的知識成爲幫助我們去記憶其他東西的關鍵。

所以：已知越多，記憶越強！

◎作業：

1.「賴比瑞亞」在你的已知裡有什麼名詞可以輔助記憶？

提示：賴比——賴皮。

瑞亞——累呀。

「賴比瑞亞」：那個國家的人很賴皮，讓人覺得好累呀！

2.「厄瓜多爾」在你的已知裡有什麼名詞可以輔助記憶？

提示：惡瓜、多耳。

命運

郊外的一個破舊小屋裡住了三兄弟，他們的運氣都不太好，賺的錢勉強糊口，但是還是做很多事都不太順利。

有一天，命運女神經過，看到他們的情況，一時興起，決定留下來幫助他們：讓他們做什麼都很順利。

命運女神決定在他們那裡度過夏天，就當是度假。

一個夏天過去了，當小販的老大，因爲善用機會，成了富翁。

原本是公務員的老二，抓住機會，成了大官員。

至於老三，命運之神也沒忘了他，祂讓他做什麼都很順利。老三把整個夏天都花在抓蚊子上面，因爲有命運女神的幫助，抓蚊子從來沒有失手過。

夏天結束，命運女神也離開了，三兄弟一人成爲富翁，一人成爲大官，只有老三依舊兩手空空，每天咒罵著命運沒有眷顧他。

美國黑人影帝丹佐華盛頓，在成名前曾經過了一陣子靠失業救濟金生活的日子；哈利波特的作者羅琳女士，現在身價億萬，之前卻是瀕臨破產邊緣。

這些例子不勝枚舉，然而他們卻靠著努力及堅持度過並成功。

命運的波濤有時候高，有時候低，而我們更該相信自己的努力。

命運就像下圍棋，就算現在全盤都是黑子，也有可能因為一顆白子的出現，經由連鎖反應，而全盤皆白。

五、鎖鍊記憶法

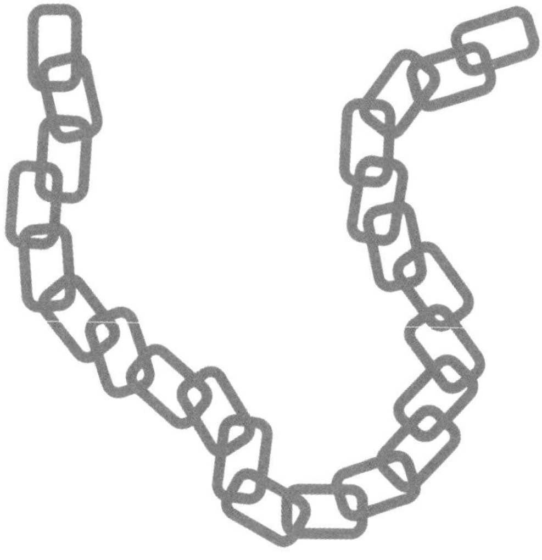

五、鎖鍊記憶法

七正負二原理說：散亂一地的東西不加歸類，難以記憶。

鎖鍊記憶法卻說：串成一串，不需整理清楚，卻能整串提起。

說到逛大賣場，我算是有些偏執，我通常到一家賣場如果服務好的話，我就會定期光顧這家店。

但我可不會挑同質性的東西狂買，這是有點浪費時間的，要計畫性的挑選，才能知道哪樣是實用的，哪樣是多餘的。我開始研究起人家貨品的清單，進一步不知不覺地竟記下整本清單。

說來這點還蠻好用的，因爲我到的那家賣場，能夠記下清單上所有的物品，當然在路上就能規劃這次該買什麼囉！像如果跳著買，好比食物、餅乾……，沒有順序的話，一定會反覆買到兩次一樣的東西，有的東西搞不好一直會被錯過，而錯過的那個，說不定就是最大的遺珠之憾。

所以，能夠把整本清單從頭依著順序記憶起來，這會是多麼方便的一件事，這樣可以保證下次絕對不會買到上次用過的東西。

當然啦！有這種本事當然不能只是拿來記記清單這麼簡單。正如我在課堂上最常說的一句話：「學了超強記憶，做什麼事都要比別人快。」不只要比別人快，還要更能利用自己比別人快，創造出一些附加的價值（想想：已經好久沒人來找我打過麻將了）。於是呢！當我跟幾個教超強記憶的老師去吃飯的時候，席間不免有些小酒，總要想些活動來帶動氣氛。划酒拳，哪那麼沒創意，而且，不是有酒的地方就適合划酒拳，划酒拳的地方也是要選擇的。那麼該做些什麼咧？記服務生的名字，或停車場的車號？文人啊！有文人的玩法；學了超強記憶的，就該玩點超強記憶的東西。

背菜單，也要求倒背菜單。簡單的兩件事，從第一項背到最後一項，最快的勝利者，今晚的晚餐不用付錢，讓所有的 LOSER 共同負擔他的晚餐；最輸的，如果續攤的時候沒能翻身，那他就要繼續負擔最勝利的人續攤的帳單。說來是個很無聊的遊戲，不過啊！這遊戲的精彩度，就看那家店的菜單長度囉！

最沒有創意的，就是吃到飽的涮涮鍋還有燒烤兩種，這些菜單說實話也都乏善可陳，順序也大同小異，牛、豬、羊、雞、海鮮、青菜、冷凍料，大約是按這順序排下來。

比較有挑戰性的，當推東方料理，當然啦！有時候像什麼墨西哥、巴基斯坦，含原文的菜單也會有點難度，不過那只是因爲菜單上菜名的問題，狀況還好。可是像是中餐或是日本料理，稍具規模的餐廳，菜單都是洋洋灑灑好幾百樣，名稱也是五花八門，說多有意境就多有意境，加上英文原文，這種比起來才有挑戰性。

頭幾次當然都是我勝利，不過幾次之後，他們大概都知道使用鎖鍊記憶法來記憶。老師們知道使用哪種基本技巧，偶爾還使點小手段，我就很難贏了。不過吃飯嘛，本來就是氣氛愉快最重要。

這種遊戲的輸贏無所謂，但如果不知道運用在課業或工作上，那就輸多了！

◎陳光老師小教室

鎖鍊記憶法

鎖鍊記憶，顧名思義，就是把物件像鎖鍊一樣一圈圈地接連起來，如此我們可以面對的是需要順序的物件，不論是文字的排序，或者是一連串的數字，都可以透過鎖鍊將之鎖起。

鎖鍊記憶法有幾項要訣：

兩兩相連、存在物件、有誇張的接觸、禁止纏繞、少用故事。藉由這幾項，再配合轉碼的觀念，將可以一次鎖住六百樣以上的物件。

記憶的過程裡，就如同我們在算數學習題一樣，是需要許多不同的技巧理論結合所完成的。

兩兩相連：

就像我們拿到一條鎖鍊，它一定是一環接連著一環，每個清清楚楚，有條有理。我們要將所記憶的物件一項項地連結，記住：一次只看兩樣，像兩個圈圈串在一起，不能一次串三個，才能避免海馬回錯置混亂。

存在物件：

所謂的存在物件是我們所能理解，我們能夠在腦中反映出形象的物件。這是很重要的，這牽扯到了轉碼，這一步驟的轉換速度，會影響到我們記憶的速度以及正確性。

比如說：零食。零食這麼多種，你必須找到特定的一種來替代，比如我所喜歡吃的「乖乖」就是很好的選擇。

當然，有時候並不是所有的物件都是我們所熟知的，像通貨膨脹，怎麼辦？請善用你右腦的創造力，試著假裝瞭解，搜尋你腦袋中最能夠讓你聯想到的形象：膨脹——氣球，用氣球這個存在物件來替代膨脹。這個假裝瞭解的步驟是很重要的，它所處理的，將不只是你在鎖鍊記憶法中的記憶未知物件，甚至可以類推所有的不可理解的文字與數字。

誇張的接觸：

對於誇張特別的東西事物，我們的記憶總是比較強烈。越誇張、越讓人驚訝的東西，越能夠留下深刻的印痕。簡單的說吧！你還能記得上禮拜天的早餐嗎？如果那天的早餐，咬了一口後，你發現裡面有一隻蟑螂，你覺得你會需要多久忘掉？如果只有半隻、還在動呢？如果那不是隻蟑螂，是隻眼睛張得大大的死老鼠頭呢？越誇張，越讓人震驚形象，越容易在記憶留下刻痕。

所以當我們在串連記憶的鎖鍊時，這一連串動作的誇張與否，也會影響到我們鎖鍊的牢固。

禁止纏繞：

在我們串連鎖鍊的時候，千萬不要回頭看自己到底記了多少，記到了哪裡，這同樣地會干擾我們在串連這連串鎖鍊的。不要讓我們的記憶點糾結在一起，否則會將其中的順序混亂，甚或造成打結，這都會影響到我們的速度以及準確性。

少用故事：

圖像用來記憶時，圖像盡量越單純越好，試想是一格格的強烈畫面，而不是一連串有故事劇情的故事。因爲故事本身會額外地提供許多我們所不需要的資訊，佔用我們的記憶體，這也同樣地會造成我們在認知上的混淆。

在七正負二的大前提之下，善用轉碼及鎖鍊記憶法，可以記下超過六百個物件。

◎作業：請嘗試依序記下以下物件

鬼火、嬰兒、靈山、零食、蓮霧、夜壺、零零七、淋巴球、棺材、衣領、筷子、一打蛋、雨傘、椅子、鸚鵡、女王頭、天平、尾巴、一一九、惡鄰居。

提示：

一、誇張接觸，例如，鬼火燒著嬰兒，你聞得到嬰兒的燒焦味嗎？

二、禁止纏繞，一個方向切勿回看、重疊。

三、少用故事，單純看到圖像，並且越誇張越好。

◆五、鎖鍊記憶法◆

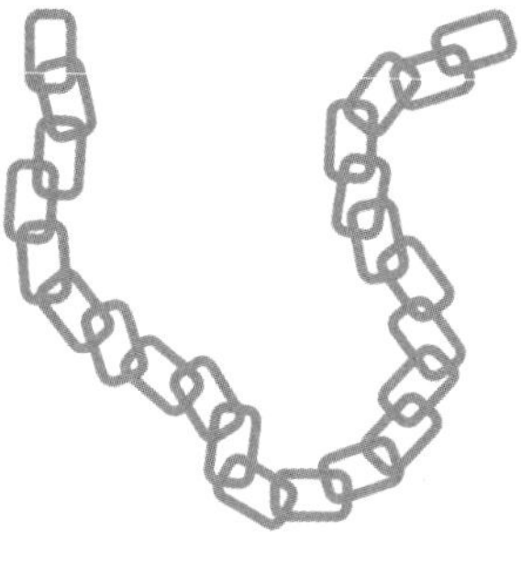

價值是隨著環境變化的。

阿拉伯某些地方，水比石油還貴。

鑽石雖然寶貴，不過如果你在一個天寒地凍的地方，能用來點火取暖的煤塊，該會比鑽石更寶貴吧！然而這兩樣東西的組成成分卻差不多。

鑽石與煤炭，只在原子的排列有所不同，但一經排列轉碼後，它們的功能也有十萬八千里的迥異！

六、數字轉碼定位

六、數字轉碼定位

試著把文字、數字轉碼，這就成了大腦保險庫，可以存入所有的資訊，任何人偷不走。

記得國中上理化的時候，老師在教我們看元素表的時候說了一句話：我想請客，「請你哪！假如要吃，就要設法。」這句話，聽起來就像是元素週期表的第一行：「氫、鋰、鈉、鉀、銣、銫、鍅。」

然後，接著上歷史課時，老師講了八國聯軍，他說：「餓的話，每日熬一鷹。」換成國家名稱就成爲：「俄、德、法、美、日、奧、義、英。」

透過了這兩個例子，當時我腦袋裡面第一個感覺是，中國人眞是只能用一個「貪吃」形容。怎麼什麼都能想到吃的方面。

然而，先不講中國人五千多年的歷史，是一副多悲慘的飢荒故事。這兩種其實就是個很簡單的轉化，將整個句子轉化成比較朗朗上口的形象。

雖然，當時我對理化跟歷史可沒什麼大興趣，不過，這兩個句子卻讓我開始舉一反三。我覺得，如果可以試著將其他的物件轉化，或許在背書上會快很多；那如果速度快很多的話，也表示我能夠讀得比人家多；能夠讀得比人家多，就表示我的成績也可能比別人高很多。成績比別人高很多，那將來就更容易成功了。

所以囉！就在這種單純，又相當簡單的邏輯心態下，我開始試著將我所要讀的資料轉成比較容易記憶的形象。

這種轉化在剛開始還挺麻煩的，因爲我沒有任何的方向及邏輯。這些東西的集大成，是在我上高中後才一樣樣的解開，但是在我國中階段，也許是已知不夠，我試圖要將一些東西定個明確的方向，卻苦無門路，直到我發現原來未知的東西可以用假裝瞭解讓它變得熟悉。

後來當我開始比較正式地接觸到關於形象轉碼定位的時候，才發現其實我們早就在不知不覺中利用這樣的方式來記憶東西，只是因爲缺乏整理及歸納，雖然有使用，不過不能有效運用。

這種狀況就像是張無忌明明小時候就已經背了很多武功的心法，可是還是被人一路打到長大，要等到學會九陽神功，內力融會貫通後，才能將這些武功都運用得隨心所欲。

同樣的，我們也都如此，很多記憶的法則，其實本來就存在於我們的腦袋設定中，只是一直缺乏有系統的指引，沒有經過點撥，沒有打通任督二脈，又怎麼能夠學得神功呢？

◎陳光老師小教室

數字轉碼定位

在開始轉碼之前，我們要知道一些轉碼的技巧。轉碼並不是天馬行空的亂轉。總不能要你記憶車子，你卻把車子轉碼成竹節蟲。當然啦！也許有人的眼中，車子就會想到竹節蟲，若真是如此，那人若不是令世人難懂的天才，就是個衆人

公認的瘋子。

總之，我們得要設定我們的記憶庫，讓資訊得以在腦中分門別類，讓所記憶的資訊能夠在腦袋裡有條有理的處理方便運用。

當然，所有的東西都可以設定爲記憶庫，只要你覺得那對你而言是好記的，最好拿盡量能夠直覺反應出來的東西當記憶庫。

簡單的說吧！我會先設定出數字及英文字母的記憶庫。讓這些成爲我的常駐記憶庫，因爲這些東西對於有先後順序性的資料，是最有條理及常用的。

既然我們已經知道轉碼成圖像的重要性，那麼，就何妨先來試試1至10的轉換，請理解，不論是形象或者音近，只要能夠讓你最直接反應出的就是最恰當的。

例如幼稚園就教過的：

鉛筆是1；

天鵝是2；

耳朵是3；

帆船是4；

釣鉤是5；

煙斗是6；

枴杖是7；

眼鏡是8；

氣球是9；

棒與球是10。

簡單地轉換了這些數字符號，我們就可以利用類似鎖鍊記憶的方法，將這些東西掛起來，連排序都串連起來。隨便想十樣東西好了，蛋糕、狗、香蕉、棺材、老師、牛排、汽車、書、百貨公司、小偷。隨便抓些東西，我們讓這些東西與我們記憶庫中設定好的數字排序結合。

鉛筆插進了蛋糕裡，

天鵝被狗咬，

耳朵塞了根香蕉，

帆船上運著棺材，

形象定位

1		鉛筆
2		天鵝
3		耳朵
4		帆船
5		釣鉤
6		煙斗
7		枴杖
8		眼鏡
9		氣球
10		棒和球

釣鉤鉤著老師，

煙斗的煙灰滴到牛排，

拿枴杖打汽車，

眼鏡被書壓壞，

氣球飄在百貨公司，

球棒打小偷。

如此，請讓自己盡量看到那個畫面。

英文有句話說得最貼切。英文說「我瞭解」叫做「YES, I SEE」，直接翻譯，其實就是我「看到」。由於圖像記憶是人類最原始的記憶本能，盡量讓自己的腦海裡轉到這個畫面。要多誇張就有多誇張，不合理也沒關係。只要你能夠將文字轉碼成記憶層次最高之圖像，任何資訊都能在第一時間記憶。

不妨現在你自己合上書本，回想一下，在這段資訊裡你記得了什麼。回想一下1到10，你每個腦袋中想到的畫面。

這就是形象轉碼定位，我得要不厭其煩地再說一次，大凡宇宙中只有三種東

西記憶，數字↓文字↓圖像；數字本身並沒有記憶的功能，所以我們要將數字轉換成圖像，如此才能在我們的腦中留下鮮明的印象，再把這印象當作記憶庫，資訊放進去後，就牢牢的被鎖住。

之所以要特別將某些特定的物件定位，轉化成既定形象的原因，是因爲不見得我每次所記憶的東西都可以沒有順序，比如說：西元第四世紀發明了棺材，台灣第十條河流是小偷河。事實上，在大多時候我們所必須記得的東西都是有順序編碼的。例如：台灣的十大死因就是有順序的，不是嗎？如果不按順序亂講一通，你能成爲醫學專家嗎？

我們所需要的資訊，有太多是需要順序的，如演講的主題。因此，能夠幫助我們確定順序的形象轉碼定位，對演講也就相對的有其重要性。

◎作業：

一、不妨試著將數字1到10制訂出你所習慣的轉碼定位。

二、任意找十樣資訊或名詞，由1編到10。

三、試試看，藉本章節的方法，讓號碼與資料發生連結！看你能夠記得多快。

照像

台灣有所學校流傳著一個傳説，傳説在學校最老的大樓屋頂上有奇怪的事發生，因此學校特別禁止學生進入。但是英文有句諺語説：好奇殺死貓。學生的好奇心總是最旺盛的。就在畢業的前夕，四個國三女學生想在學校留下點回憶，於是帶著相機在校園裡四處拍照。拍著拍著她們想到了那棟大樓，她們回想在這校園裡唸書好幾年，卻從不知道那棟大樓到底有些什麼？也不知道到底從屋頂看這學校是什麼樣子？

好奇心掩蓋了他們對於大樓的害怕，而且要畢業了，心態上已經是無敵了，管它什麼校規。

四個人偷偷地跑上了大樓屋頂，發現那裡的視野眞是好，藍色的天空飄著兩三朵白色浮雲，涼風吹過，令人倍感舒暢。她們後悔沒有早點知道這麼好的地方。在那裡到處擺姿勢拍照、笑鬧，玩成一片。

剩下最後一張底片時，有個女生跑到圍牆邊，坐在圍牆上要她們幫她拍照。

她笑得愉快，白色的圍牆襯著蔚藍的天空，總有那麼點希臘的感覺。就在按下快門的那一剎那，這坐在圍牆的女生神秘的一笑、接著往後仰，活生生讓自己的腦部撞到了一樓的地面，當場死亡……。

剩下三個女生自然被送到了警局，因爲找不到任何這位女生要自殺的原因以及證據，這三個人有相當大的嫌疑。當三個女同學哭的跟淚人兒一樣時，其中有人想到了，她們在那女孩墜樓時，有人按下了快門。狀況緊急，她們的家屬馬上帶著相機去相片館沖洗。三十六張底片，卻只洗出了三十五張。店家堅持只有三十五張，在家屬們焦急的淚水以及苦苦哀求下，店家終於承認有第三十六張。

「其實我們通常洗到這樣的相片，都會把它藏起來，不敢告訴客人，怕把客人嚇壞。」店家這麼講，一邊把揉成一團的照片給家屬，家屬一看，個個都張大嘴說不出話。哪有什麼美麗的藍天白雲，什麼笑得愉快。相片裡的背景灰黑一片，女生的臉部不自然的扭曲，順著制服看到她的小腿，算了算，共有七十三隻手在空中拉著她……

2

天鵝悠哉地在水上游，其實水底下的腳卻是費力地擺盪著。

當我們看到別人光鮮的表面，請記住這些都是需要極大的努力換得的。

也不要總是埋怨別人總看不到你的努力，因為，你不也看不到別人的認真嗎？

過程是最甜美的。這些努力過程的點滴，將成為我們一幕幕的圖像，在大腦中像照片一樣揮之不去。

七、圖像照相法

七、圖像照相法

別以爲圖像照相法是你眨個眼就能把資訊給拍下來，我們不是照相機。圖像照相法是利用照相機原理，把舊有的已知當底片，裝了底片，你就能拍下整個世界。

很多人的願望是能出國旅遊。有個人許了願：不貪心。一年只要出國三次，每次四個月！

以前有幾次跟團出國玩的經驗，事後卻總覺得不是那麼的愉快，因爲每次跟團出去，總是沒有辦法好好地停留下來欣賞風光。總是像趕羊似的，一直把我們從這個景點趕到下一個景點，不然就是從這個買紀念品的地方趕到另一個賣紀念品的地方。

所以囉！有一年我終於下定決心，出國旅遊不再跟團。當時身邊的人都持反對的態度，理由無他，就是因爲到個語言不通，又人生地不熟的地方，這是多麼

可怕又不方便的一件事。

不過，如果我是個保守的人，又怎麼能夠冒險、玩得盡興呢？所以囉！不顧身邊朋友的規勸，我還是決定不跟團自助旅行去了一趟日本。

日本地圖

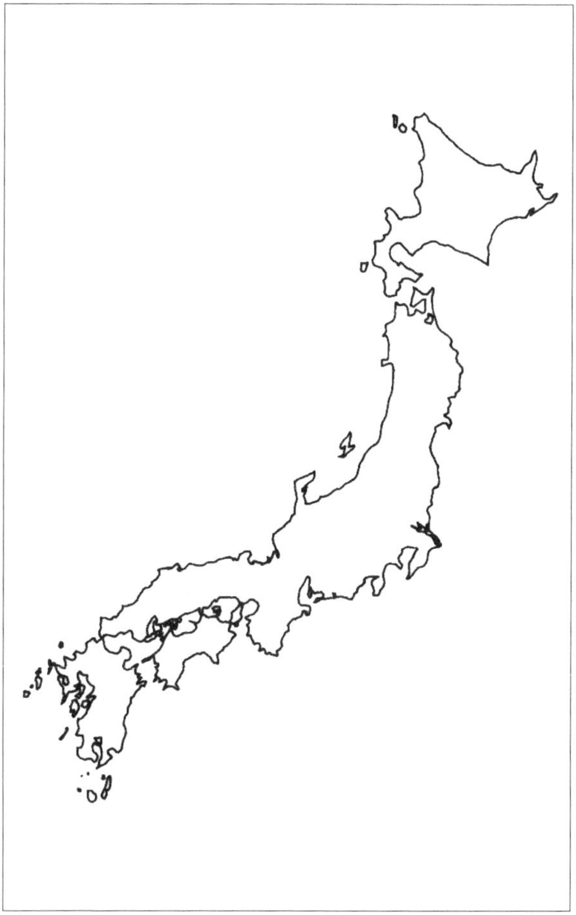

爲了這件事，我還跟朋友賭了五千元，賭我可以不看地圖，就能在日本玩一天。

說眞的，有了賭注當作動力，確實不一樣，我於是積極地籌措著去日本的事宜。

自己出國手續是好辦，反正就多問幾個人，多問些問題也就好了，但是，到了那邊不看地圖該怎麼自助旅行，才是問題。

人家都說到日本很簡單，因爲日本的地鐵會有漢字，所以不會搭錯。但是仔細想想這句話只說對一半。日本地鐵是會有漢字，的確讓搭車簡單，但是出了地鐵就像進入迷宮，到底該何去何從呢？這才是麻煩的問題。

於是，在去日本之前我花了兩個晚上研讀地圖，研究怎樣從飯店到地鐵，再怎樣從地鐵到我要去的地方。

做事要有方法，當時心想，其實我可以像個純粹的觀光客一樣，到處問人，到處亂晃。但是因爲跟朋友賭了五千元。其實賭注事小，勝負的尊嚴才是大事。說什麼我都不能讓人家看扁我。

所以囉！我經過兩個晚上的整理歸納，把接下來幾天的日本之旅的路線稍做整理，自己畫出了一套路線圖，每天每天都有不同的路線。

可是話又說回來，這還是地圖，就算是我自己畫的，也算是地圖，如果我在日本拿了出來，那麼我就是輸了，怎麼可以這樣呢？

怎麼辦？簡單，身爲一個教超強記憶的老師，我只剩下兩條路，一是認輸，二呢！就是把這幾張圖給記下來。認輸，太難了，記下來倒是簡單得多了。

所以囉！我把整條路線給記下來，很帥氣地把地圖丟給同行的朋友：「你要相信我的方向感跟直覺啊！」就這麼拉著他在東京街頭遊走了一天。

憑著我的規劃，還有對於那些地圖的記憶，就這麼地在朋友崇拜的眼光下，我算是相當愉快地在這裡度過了整個假期。不只贏得了五千塊，更贏得了朋友的崇拜。

然而，地圖到底怎麼記呢？

◎陳光老師小教室

圖像照相法

雖然說文字沒有記憶的功能，除非轉化成圖像，而只有圖像能夠在大腦形成記憶資訊。不過呢！地圖這種圖像與文字的組合，也不是隨便就能記下的。如果這麼簡單，就不會有那麼多的年輕學子，讀書的時候硬是被地理課本上面一張張的地圖給擊倒。不只地理課本，健康教育有時候也會突然來個人體結構圖或解剖圖。

花花綠綠的地圖，密密麻麻的字，其實要記這些東西，說簡單不簡單，但是說難卻也沒那麼難。面對一份地圖，地名方面，藉著之前鎖鍊記憶的練習，是可以很容易地將地名或河川、湖泊、山坡、丘陵、平原的名稱給記憶起來。但是當我們串連起所有地名時，卻發現對於每個地名該有的位置卻一頭霧水。

是的，就跟背課文主要的工作是確認文字的排列一般。記憶一張地圖，最重要的便是文字安排的位置。但是，這就是最困擾人們的事。

試著想像一份台灣地圖，我想你一定能清楚地想出台灣的形狀，但是，如果要你標出河川呢？標出縣市呢？或者標出山脈？一般人在台灣地圖上只標得出中央山脈而已！

爲什麼呢？因爲我們雖然記憶了圖像，卻記不住文字位置。然而，這其實只要做個找點下錨的動作，就可以了。

找點下錨，沒錯！藉由找點下錨的工作，我們可以迅速地在地圖上找出所有文字地名的相對位置。聽起來很麻煩，其實一點都不難。請回想一下，你昨天晚餐的菜色。或許你能說得出菜名，但是，你現在可以馬上就記得餐桌上的排列組合嗎？如果不行，那麼，我問你最中間的是什麼菜？然後你再告訴我這道菜的左邊是什麼？右邊是什麼？你會發現，其實昨天晚上的菜色，會在你的腦海中呈現出來。

這就是找點下錨，以最中間的爲下錨的地方，由這一點來向旁邊推，就可以推出整幅地圖的相對文字位置，然後再配合著對圖像的記憶，其實整幅圖的大致位置就很簡單明瞭了。

不過，請注意一點，當我們面對一份地圖時，地圖本身其實是相當不規則的圖像，其實這也是難以記憶的。事實上這一點也不難解決：已知導未知。就像是台灣地圖，你是因爲它長的像番薯所以一下子就記得了，還是你眞的是看到地圖，腦袋裡面想到的也是地圖本身的樣子呢？

其實圖像也是可以轉換的，我們可以將地圖本身的圖像，轉換成我們已知物件的圖像。像這樣：把未知的地圖用已知的形象在大腦中顯影，這個動作，我們稱爲：圖像照相。

台灣的形狀像番薯；

中國大陸以前像秋海棠，現在失去了蒙古，樣子像老母雞；

法國樣子像牛頭；

義大利就像是隻靴子。

這些都是不規則的圖像轉化成具體圖樣的案例。

當我們將地名轉碼成可理解文字，再綁在圖像的位置上，想忘都忘不掉了。同樣的，利用這個類似的法則，還可以延伸到其他的地方，只要是有圖像與文字結合的，找點下錨都相當好用。例如：我們可以用這樣的方法清楚地記住身體器官的分佈。

總之，找點下錨可以讓我們清楚地記下所有分散文字的相對位置，當你面對到如此狀況時，除了利用先前所學過的方法理解文字之外，還需要找到定點，拋下你的錨，讓你的文字與圖像緊密地接合。

請記得，你腦中的「已知」就是你的底片，就如同拍照一般，你得裝上底片，才能照相。也許你會說數位相機不用底片，但別忘了，數位相機需要記憶卡！

◎作業一：記憶法國地圖

法　國

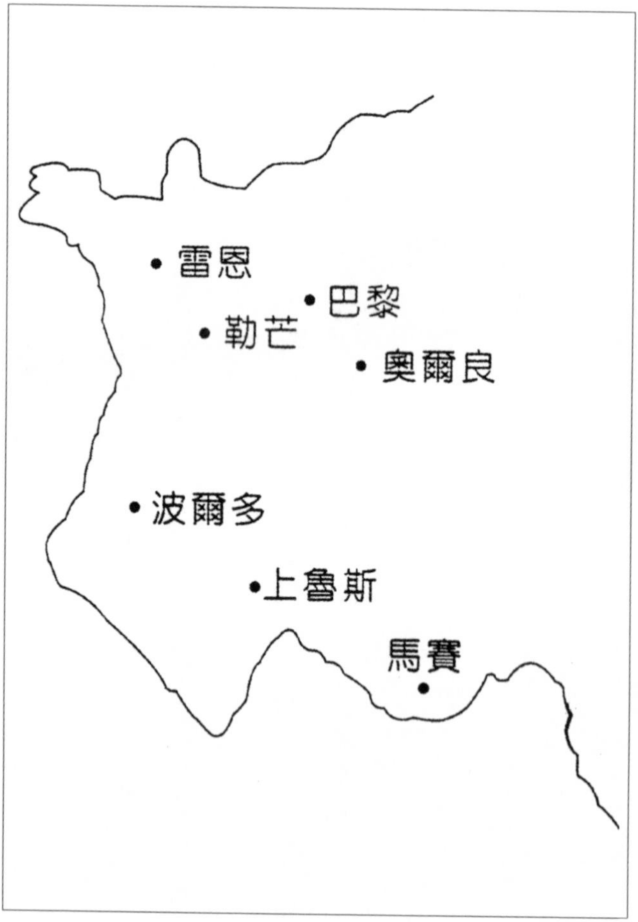

提示：

一、將法國形象轉換成可理解圖像。例如：牛頭。

二、試著將這些地名與牛的五官結合。例如：牛眼的位置是勒芒，鼻子是波爾多。

◎作業二：記憶小腦解剖圖（附圖）

提示：

一、將小腦形象轉換成可理解的圖象。例如：上半段像蝸牛，下面有隻蜻蜓要鑽進蝸牛裡。

二、依照原理找點下錨，並將文字鎖起。

三、對於不理解的文字，讓自己假裝瞭解，賦予文字自己所能理解的形象。

圖像照像法→永久記憶

小腦解剖圖

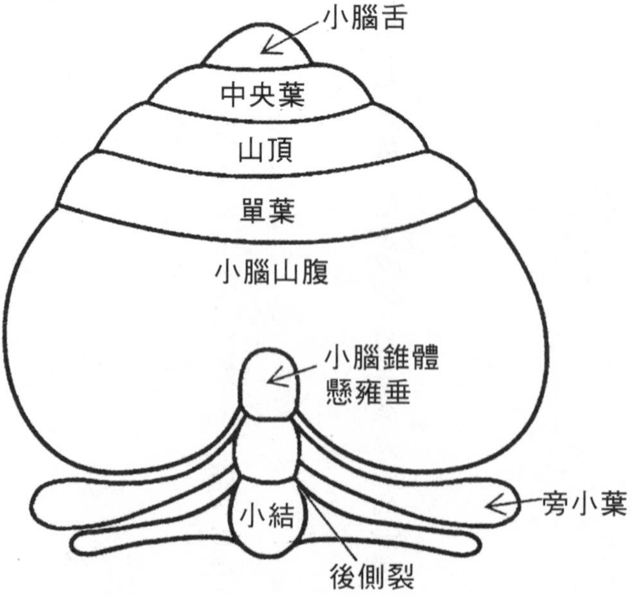

定位—錨

曾聽過一個故事，有個人到教練場學開車，他什麼都學得很好，但是卻一直無法突破S形道路，他總是會壓到線。不論怎麼練習，就是抓不到轉方向盤的最佳時機。一籌莫展的教練終於想出了個辦法，並告訴這個人，說他會在S形彎道的路旁各擺上兩只保力達的瓶子，要他注意只要方向盤與瓶子平行時，就轉一圈半方向盤。

果然，此法一出，這個人立刻就突破S形彎道的瓶頸，練了幾次覺得自己的能力幾乎已達完美。於是信心滿滿地報考駕照。沒想到卻在他練得最勤奮的S形彎道失敗。

教練奇怪的問道：「你不是在這練得最勤嗎？而且後來也都沒問題啦？」

「是啊！」那個人無奈地說：「可是考場的S形彎道沒有擺瓶子啊！」

考場怎麼能擺錨呢？錨，是要放在自己心裡的。

我們所學的已知可以輕鬆設定成虛擬的錨，作爲記憶的定位，這是對記憶進一步的認知。

繞S

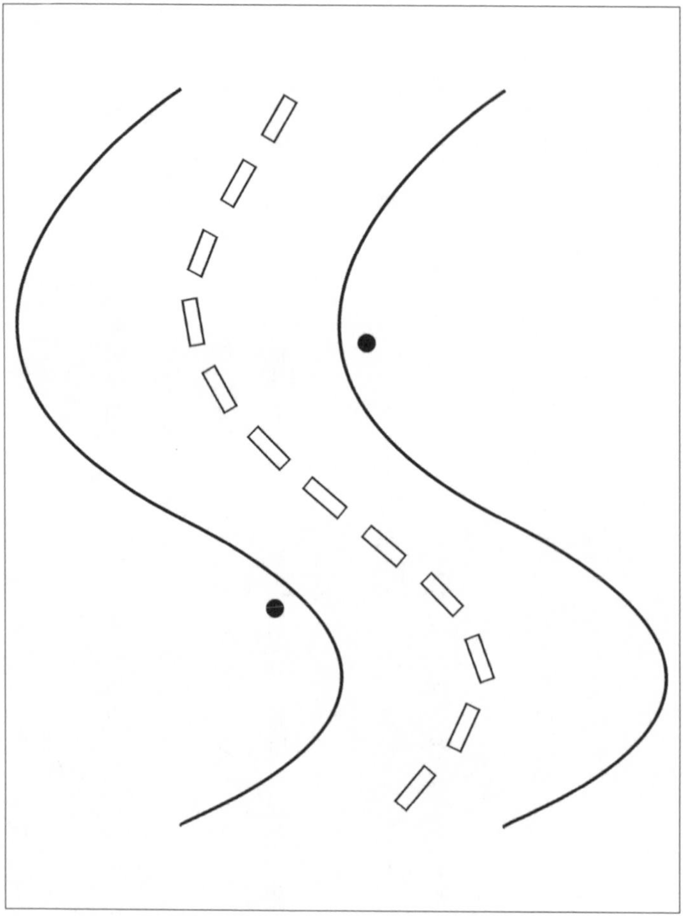

七、圖像照相法

爸爸在教讀幼稚園的孩子簡單的加減，孩子一直用手指算的動作讓爸爸感到不耐。

「你到現在還用手指算？把手給我放到口袋裡！」

孩子害怕地將手放到口袋裡。

「現在告訴我，五加五是多少？」

孩子的兩隻小手在褲子裡摸來摸去，默默地數著數字。

過了一會兒，小小聲的說：「十一。」

原來：數字只是圖像個數的表達

八、轉碼將三位數定位

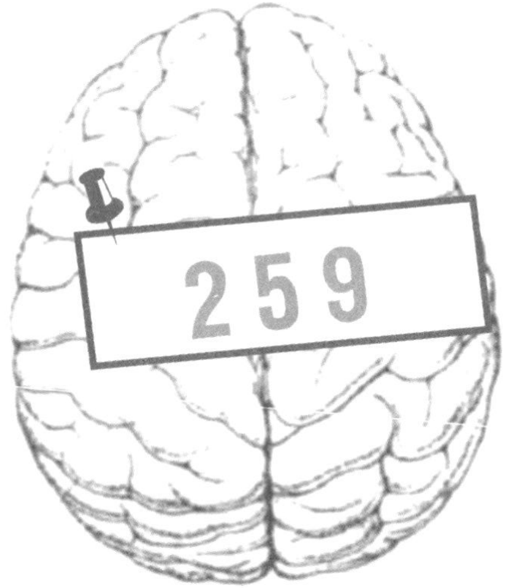

八、轉碼將三位數定位

當你連最難的數字也能提升至最高記憶區時，你就能輕鬆記憶了。連最難的數字亂碼都記得住，宇宙裡還有什麼能難得倒你？

關於記數字實在是很麻煩，想想看，一堆數字，看起來實在沒什麼意思，但是卻又是一連串，而且，單純的記數字也就算了，偏偏有時候，數字後面還接了一大堆有的沒有的文字。這些東西，眞的是讓我學生時代過得挺累的。

尤其是每次要考歷史的時候，古代史也就算了，畢竟那些東西年代已久，有時候只是簡單的事件與人物關係。好吧！這個可以比較簡單的記下來，但是越到近代史就越麻煩。因爲距離年代比較近，所以資料比較多。而近代史根本就是一連串的戰敗史，一大堆中外混和、割地賠款的條約出現，條約內容繁雜又令人沮喪，而且重點是越難堪的事情越會考，對雙魚座的我來說，這才是煩人的事情。

有一次有個同學抱怨：我管它哪個條約把台灣割讓給日本，現在不是收回來

了嗎？我管它哪個條約開放煙草到中國，反正那些抽大煙的現在都死掉了；我管它是哪個條約讓清朝被俄國拐走了一大片土地，清朝跟俄國，現在不是都沒有啦！不過這個我倒是清楚的知道是尼布楚條約，因爲這個條約《鹿鼎記》小說裡面有提到！

這就對了！人對有興趣的事記憶都特別強，這是海馬回作祟的結果。

我得要再次重申一下我的一個重要觀念：「讀書不能一步登天，但，絕對有捷徑」。我認爲，做什麼事情，講究的是技巧。雖然毅力與恆心也有幫助，不過如果沒有好的方法，你會繞一大圈才走到原本預計要走的路上。

所以，討厭歸討厭，重要歷史還是得要好好地背下來，不是因爲考試會考，而是這些經驗經過重排，將成爲人們未來的智慧。然而時間，卻是考生所缺少的。有太多的東西要唸，但是時間卻太少。所以囉！我堅持要找出最適當的方法來做最恰當的事。

既然需要記得的數字那麼多，所牽連的又是一堆至少對學生而言很重要的資訊，當然要努力地思考出一條穩健的道路。

依照我一貫解謎的慣例，我挑了個月黑風高的夜晚，積極地想著破解之道。一定有辦法可以破解的，就像是打電動一樣，再難的關卡都會有破解的辦法。

運用轉碼，把數字從最低的記憶層次轉碼成最高記憶層次：圖像！

想通了！只要數字不再是數字，它就能夠記憶！不過數字轉換起來有一點比較麻煩，就是，到底要依照什麼標準？這點也是我在後來開始教超強記憶後許多人問我的問題，轉碼，到底該怎麼轉？其實，當時我和很多資優的同學生一樣，沒有一定的標準，一切憑著直覺，直覺這數字該是什麼就是什麼。

就是因爲轉碼是件可以很自然的事，後來我叫它「本能支配法」，用這方法在轉換的過程可以轉得很愉快。所以在那個月黑風高的夜晚，我把一大堆數字轉換成方便記憶的東西，當時主要是因爲好玩。

之後卻發生了我一開始都沒想到的神奇功效。因爲這些數字轉換之後，我不只更容易記得一些東西的關聯，還可以拿來玩一些數字遊戲。利用這些對於數字的轉碼，除了可以應付考試外，還可以拿來記樂譜、寫情書，並利用這些數字轉換的意象發展了許多很有意思的玩意兒。

◎陳光老師小教室

轉碼將三位數定位

關於數字的記憶，總是困擾著不少人。沒有手機，或沒有電話簿，腦袋裡沒幾組電話號碼，就只有自己常用的那幾組。

爲什麼？因爲數字本身並不具備可以輕易記憶的條件，熟悉的號碼，用久了，自然就會在腦袋中生根（永久記憶區），然而這與其說是記憶，不如說是成就了一個新的本能來得恰當。有沒有試過隨意給自己二十個亂數呢？

什麼是亂數？所有隨機出現的數字，就會是亂數。即便是我們知道其中已有某種邏輯關連的數目 2、4、6、8……我們知道這是偶數的排列，但是如果是2251、20259、182331、1641979 呢？能輕易地看出其中端倪，進一步推論嗎？

其實它們都是2251 乘以9 的結果，連數學系的同學也沒辦法輕易地看出來。

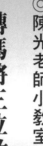

所以囉！所有的數字，沒有被我們腦袋永久記憶的，都可以視爲亂數。亂數，對記憶來說是最困難的。所以我們要轉碼，透過轉碼，數字不再是數字，而成爲鮮明的圖像，提升到了可以記憶的層級。

當然，轉碼不能亂轉，最好配合著數字本身的形象或是讀音，這依個人的邏輯想法不同，會有不同的理解。

以我爲例，我將00至99分別設定了一百種容易記憶的聯想圖像，如此，數字將轉碼爲記憶區內的圖像。

00：老爺爺；兩個圓（00）的形象，就像老爺爺的眼鏡一般。

01：靈異現象；零一，靈異，讀音類似。靈異現象那麼多，我們可以用「鬼火」來代替。

02：麟兒；零二的讀音類似麟兒。

03：靈山；零三的讀音類似靈山。

04：零食；零四的讀音類似零食，但因爲零食很多種，就以「乖乖」代替吧！你如果覺得蝦味仙比較好也無所謂。

05：蓮霧；零五的讀音類似蓮霧。

06：喝尿；零六的讀音，跟台語喝尿類似，但喝尿不算是個具體的物件，不妨以「夜壺」替代。

07：○○七龐德；因爲所有有零有七的，許多人第一個印象就是○○七。

08：淋巴球；零八的讀音類似淋巴、淋巴球、淋巴結，就用淋巴球來代表。

09：棺材；零九讀音類似靈柩，但靈柩說來繞口，就用靈柩的另一個詞棺材來表示吧！

10：衣領；一零的讀音類似衣領。

11：筷子；形象類似兩根筷子。

12：一打蛋；十二也就是所謂的一打，一打什麼都可以，一打蛋是似乎比較常見。去便利商店買蛋，也是一打一打的分裝。

13：雨傘；一三的讀音類似雨傘。

14：椅子；一四的讀音類似椅子。

15：鸚鵡；一五的讀音類似鸚鵡。

16：野柳：一六的讀音類似野柳，而野柳範圍太廣，索性以最出名的女王頭代表。

17：天平：一七的讀音類似儀器，但天底下儀器這麼多，就用天平來表示。

18：尾巴：一八的讀音類似尾巴。

19：一一九：一九轉為一一九，理由與07轉為○○七一樣。

20：惡鄰居：唸作二零，二零可以是惡靈，可以是惡鄰，但因為前面已有靈異事件，為免混淆，就選惡鄰為代表。

21：半杯可樂：二一，以就是二分一，什麼東西都可以二分一，這裡選可樂表示。

22：ㄣㄣ（大便）：語音類似，仔細想想，什麼時候你會發出ㄣㄣ聲。沒錯！所以就以大便代表吧！

23：阿桑：二三讀音類似阿桑，就是歐巴桑。

24：耳屎：二四的讀音類似耳屎。

25：二胡：二五的讀音類似二胡。

26：河流：，二六的讀音類似河流。

27：耳機：，二七的讀音類似耳機。

28：惡霸：，二八的讀音類似惡霸。

29：二舅：，二九的讀音類似二舅。

30：三菱：，三零讀音類似三菱，也就是日本三菱工業，而三菱工業的產品相當多，有小家電，也有汽車，連坦克都有，就以三菱跑車爲代表。

31：鱔魚：，三一的讀音類似鱔魚。

32：山河畫：，唸作三二，音近山河。然而三二形象太廣，就以山河畫代表。

33：星星：，三三的讀音近閃閃，什麼東西一閃一閃？一閃一閃亮晶晶，因此三三轉爲星星。

34：扇子：，三四的讀音類似扇子。

35：珊瑚：，三五的讀音類似珊瑚。

36：沙漏：，三六的讀音類似沙漏。

37：山雞：，三七的讀音類似山雞。

38：花：三八阿花，所以三八是花。

39：三角形：三九音近三角，三角是沒什麼爭議的形狀，你也可以更明確點，像是三角形的御飯團也不錯！

40：士林夜市（蚵仔煎）：四零音近士林，而士林範圍太廣，要讓士林的意象更具體，便以最著名的夜市，蚵仔煎爲代表。

41：司儀：四一的讀音類似司儀。

42：蘇俄：四二的讀音類似蘇俄。

43：池上（便當）：四三讀音聯想到池上，而池上最爲人所知的就是池上便當。

44：斯斯：四四讀音類似斯斯。

45：食物：四五的讀音類似食物，但食物有很多種，就以雞腿代表，你想要什麼排骨、哈密瓜之類的也可。

46：卒仔（阿兵哥）：四六聽來像是台語的卒仔，而卒在軍隊裡，就是指阿兵哥。

47：石器：四七讀音類似石器。

48：骰子：擲骰子，大家都會叫到：「西八辣！」讀音頗類似四八。

49：草：三八阿花，四九阿草。所以四九就以草爲形象。

50：武林高手：五零音似武林，想到武林就想到武林高手。

51：勞工：五月一日勞動節，所以五一可以轉換成勞工。

52：撲克牌：撲克牌有五十二張。

53：劍湖山：五三，音似湖山。新店的湖山原野樂園已經倒了，而劍湖山還當紅，就以它爲形象吧！

54：武士：五四讀音類似五四。

55：火車：老式火車會嗚嗚地叫，聲音與五五相近，所以把五五設定爲火車。

56：烏溜溜的頭髮：讀音類似烏溜，而提到烏溜溜就會想到美女的長頭髮。

57：武器：五七的讀音類似武器。

58：烏龜：五八，讀音類似大陸人稱烏龜爲王八，王八就是烏龜。

59：五角大廈：五九讀音類似五角，說到五角，美國五角大廈相當的有名。
60：榴槤：六零讀音類似榴槤。
61：流鶯：六一讀音類似流鶯。
62：牛耳：六二讀音類似牛耳。
63：硫酸：六三讀音類似硫酸。
64：新聞：六四讀音類似 NEWS。
65：算盤：六五音近落伍，而落伍一詞並非實像，需要想個更能代表落伍的物件，算盤算是比較落伍的計算工具，就以算盤來象徵其形。
66：溜溜球：六六音似 YOYO，也就是溜溜球。
67：怪老頭：六七，流氣，流裡流氣，感覺像是怪老頭。
68：劉邦：六八讀音類似劉邦。
69：琉球：六九類似琉球。
70：麒麟：唸作七零，讀音類似麒麟。
71：奇異果：七一，奇異，奇異抽象，奇異果則比較具像。

72：企鵝：七二讀音類似企鵝。

73：猴子：七三容易聯想到旗山，說到高雄的旗山，滿坑滿谷的猴子令人印象深刻。

74：騎士（安全帽）：讀音類似騎士，而說到騎士，騎車請戴安全帽，也可以安全帽來表示。

75：積木：七五的讀音類似欺侮，但是欺侮可沒有明確形象，就用讀音接近的積木表示。

76：騎樓：七六讀音類似騎樓。

77：七七巧克力：七七乳加巧克力，都說這麼明了，當然以七七巧克力來定位七七。

78：錢包：別想到歪的地方，所以七八再轉一下，其實讀音也像錢包。

79：氣球：七九讀音類似氣球。

80：巴黎（鐵塔）：唸作八零，讀音類似巴黎。也許你會說巴陵，也可，但你對巴黎的印象比較強還是巴陵呢？巴黎有鐵塔可以代表，巴陵有什麼？

81：白蟻：，八一讀音類似白蟻。

82：百合：，八二讀音類似百合。

83：疤傷：，八三讀音類似疤傷。

84：巴士：，八四讀音類似巴士。

85：白虎：，八五讀音類似白虎。

86：芭樂：，八六讀音類似芭樂。

87：白癡：，八七讀音類似白癡，試試用台語念白癡看看。

88：喇叭：，開車按喇叭，喇叭發出叭叭的聲音，所以八八就是喇叭。

89：斑鳩：，八九讀音類似斑鳩。

90：蔡依林：，蔡依林，大家都叫他JOLIN，音近九零。

91：救生衣：，九一，就醫、舊衣，兩個形象都有點模糊，那不妨合起來吧！九一轉換成救生衣。

92：酒盒：，九二讀音類似酒盒。

93：軍人：，九月三日是軍人節，所以就讓九三轉換成軍人。

94：果汁：，九四音近JUICE，也就是果汁。

95：九五無鉛汽油：，九五無鉛汽油，還需要多作聯想嗎？

96：蝴蝶：，把96兩字黏起來，就如同蝴蝶在飛，所以就把九六轉成蝴蝶。

97：香港腳：；一九九七香港回歸，香港太龐大又太模糊了。就退而求其次，轉換成香港腳。

98：酒吧：，九八讀音類似酒吧。

99：領結：，九九，音近啾啾，就是領結啊！

99定位

	0	1	2	3	4	5	6	7	8	9
0	100歲老爺爺	靈異現象	麟兒	靈山	乖乖	蓮霧	喝尿	007	淋巴球	棺材
1	衣領	筷子	一打蛋	雨傘	椅子	鸚鵡	野柳女王頭	儀器	尾巴	119救護車
2	惡鄰居	半杯可樂	ㄣㄣ大便	阿桑	耳屎	二胡	河流	耳機	惡霸	二舅
3	三菱跑車	鱔魚	山河畫	星星一閃一閃	扇子	珊瑚	沙漏	三七仔	三八阿花	三角形
4	士林蚵仔煎	司儀	俄羅斯	便當	斯斯感冒膠囊	雞腿	卒阿兵哥	石器	骰子	草
5	武林高手李連杰	五一勞工節	52張撲克牌	劍湖山	日本武士	火車嗚～嗚～	烏溜溜的頭髮	武器	烏龜	五角大廈
6	榴槤	流鶯	牛耳	硫酸	News新聞	落伍的算盤	溜溜球	流裡流氣的怪叔叔	劉邦	琉球
7	麒麟	奇異果	企鵝	猴子	安全帽	積木	騎樓	七七巧克力	錢包	氣球
8	巴黎鐵塔	白蟻	百合花	疤傷	巴士	白虎	芭樂	拔罐器	喇叭	斑鳩
9	蔡依林	救生衣	酒盒	九三軍人節	Juice	95無鉛汽油	蝴蝶	香港腳	酒吧	領結

在這裡，請特別注意一點，10、11的數字請不要唸作十、十一，請唸成一零，一一，就像1911我們唸成一九一一。以此類推65、72，請唸爲六五、七二，而不是六十五、七十二。請將數字本身的音讀出來，這樣可以避免在轉碼時所會遭遇到的混亂，這點是相當重要的。

當然，以上只是將二位數轉碼，但是數字的位數是無止境呢？當我們設定了00到99，那麼150、230等三位數呢？

所以需要再設定一組百位的轉碼形象。藉由這些數碼的搭配，可以輕鬆拆解三位數。

所以，另外再用同樣的技巧將百位數字提升如下：

0：鈴鐺：零如同鈴鐺發出的聲音。

如：062，鈴鐺掛在牛耳上，叮鈴鐺啷的響著。

1：衣服：一，與衣同音，把人物穿上小馬哥的大衣，如果事物體就讓它包上保鮮膜。

如：189，包著保鮮膜的斑鳩：或者擬人化，穿著衣服的斑鳩。

2：兩個：最簡單什麼都不想，二就是兩個。

如：254，兩個武士。

3：麥當勞：把三轉過來，樣子豈不像麥當勞的標誌？

如：394，麥當勞果汁。

4：死：讀音相近。人物就讓他死，物體讓它壞掉。

如：450，死掉的武林高手。

5：跳舞：五，聽起來像跳舞，人、動物讓他（牠）跳舞，物體讓它跳動。

如：500，跳舞的老爺爺。

6：光溜溜：六音感像「溜」，人讓他光溜溜，物體就讓它光亮亮。

如：628617，光溜溜的惡霸拿著個光亮的儀器。

7：漆上色：七音近漆，我們讓東西漆上白色。

如：725，七成白色的二胡。

8：聽起來像「發」，中國的「發」是很多的意思。

9：酒醉的，燒起來的：九音同酒，但光只是酒也沒什麼特別，所以讓酒多點附加價值，酒喝多了會酒醉，再醉點也可能不小心把房子燒起來。

如：802，很多個嬰兒。

999定位

0		鈴鐺
1		衣服
2		兩個
3		麥當勞
4		死
5		跳舞
6		光溜溜
7		漆
8		八(發)
9		酒

我們規定：動物讓牠醉，物體讓它燒起來。

如：973960 喝醉的猴子拿著著火的榴槤。

也許你會問，這一到十我們在之前的一百組數字裡已經包括了，爲什麼要再另外設定呢？其實這裡由也簡單，只是爲了避免混淆，並且容易區分。超強記憶是要讓你的大腦運用更有效率，運作起來更暢快，當然要避免這些混淆。

藉由將數字的轉化成果，圖像提升記憶的層次。於是，我們將這數字「鎖鍊」起來，便可以處理無限的數字密碼。這點是很重要的，請將這兩組數字牢記並且練熟，能夠轉換運用的越快，這對記憶的提升越有幫助。

◎作業：

1. 請闔上書拿張紙，記下自己對於這兩組數字的轉碼成果，並且再轉回爲數字，這個轉碼是相當重要的，請每日練習。
2. 不妨以車牌號碼爲練習對象，每天觀察車牌，訓練自己的轉碼功能。如：ZA-2579 轉碼爲二：胡上綁著氣球，SA-693 轉碼爲：光溜溜的軍人。
3. 訓練一段時間之後你會發現：當數字不再是數字時，人的記憶就開始了！

別放任大腦原地打轉

在戰爭還很原始的年代，有個沒有騎兵的國家。

每次受到敵人襲擊，總是難以抵禦。終於有一天，國王發現自己國家的這個弱點，於是積極地向外招兵買馬，訓練騎兵，也訓練了一批精良的馬匹。

當所有的訓練都完備後，國王環顧四周，卻發現眼下似乎用不上這些兵馬。但是他不敢懈怠，還是繼續整兵備戰，以免敵人襲擊。

一天過去、一個月過去、一年過去，隨著時間的消逝，國王覺得這批兵馬浪費了國家許多資源。

反正沒人會攻來，留著也太浪費了。於是他差遣這批訓練精良的騎兵去耕田；把戰馬的眼睛矇起來，讓這些高價購進的戰馬去推磨。

一天、兩天、一個月、兩個月、一年、兩年過去了。

突然遠方的一個國家襲擊而來，驚慌的國王急喚這群早已下鄉歸田的武士戰馬，讓他們再次應戰。

這群戰士已經忘了如何作戰，他們歪七扭八地將戰馬騎到定位。準備面對敵人衝擊，敵軍殺氣騰騰地殺到，戰士們踩下馬鐙，卻只見應該衝出去的戰馬，在原地打著轉，就如同牠們一直在做的推磨工作一樣……。

別放任你的大腦原地打轉……

◆八、轉碼將三位數定位◆

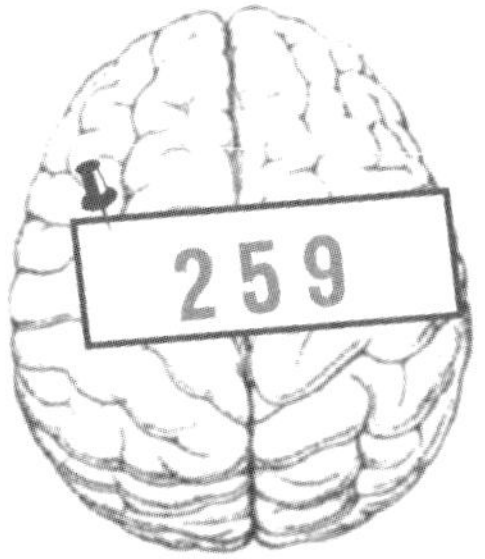

人一生中有兩個重要的日子，一個是生日，另一個呢？

或許你會說是忌日，然而，忌日對人們來說只是一個結束，對自己有什麼重要可言？

另一個真正對自己重要的日子是：當你知道自己為什麼要出生的那天。

你已經知道自己為什麼出生了嗎？但當你知道你為什麼出生，你就找著了開啟自己生命的密碼。

找到開啟生命的密碼，你就找到自己的定位。

九、福斯密碼

九、福斯密碼

每個數字都有其定位，依著每個人的邏輯不同，定位也不同，福斯密碼就是這樣創造的。

我記得以前談戀愛的時候，可沒有像現在這麼直接開放，在那個時候，社會風氣可是保守的可以。距離我讀書的年代才十幾年而已，但是社會的風氣卻是變化得可怕。

現在在路上，到處可見高中生親密的舉動，小小年紀，動作比成人還開放，我記得我們那個年代還要偷偷摸摸的交往……。

記得當年在台大發生的一個醉月湖的故事……

台大有個醉月湖，醉月湖見證了不少台大人愛情的分分合合。其中最有名的傳說當推傳鐘廿一響：禁止鐘響敲超過廿一聲的故事。傳說有對情侶相約醉月湖，

據說當時女的已經懷孕了，她跟男朋友約在這裡就是爲了解決這件事。

等待是漫長的，尤其是心事重重時。他們相約晚上九點，女的早到在湖畔沈思，回神之時卻聽見鐘聲響起，鐘響了廿三聲。

「十一點，他眞的不來了？」男朋友遲遲未到，各種不安的思緒瞬間湧上，越想越難過，她就在這種無奈中選擇跳下醉月湖結束痛苦。

沒多久，只見男的匆匆跑來，他的手錶上時間是九點十分，他只遲到十分鐘。鐘聲廿三響，是工友不小心多敲了二下！工人不小心竟誤奪走兩條人命。從此，台大規定晚上鐘聲只能敲到廿一聲，更有許多關於在醉月湖見鬼的傳說。

但許多台大情侶還是喜歡相約醉月湖談情說愛，只是去到湖畔，總會先講一句：「學姐，不好意思喔！打擾一下，別嚇我們喔！」

也有許多惡作劇的學弟，會在半夜十一點穿著白衣服，帶著假髮悄悄站在你旁邊：「請問現在幾點？」

當然，運氣好的話或許會碰到眞的女主角……

七○年代的戀愛模式是，已經公開的，住宿舍的男女情侶，會在女生宿舍前依依不捨，直到宿舍關門才離開；要不就是半夜送宵夜，還要用繩索吊上樓之類的。至於那種還處於曖昧時期的男女，彼此傳情的管道，當推情書莫屬。

記得那個時代還是情書很盛的年代。這種寫情書的浪漫啊！可不是現在時下流行的手機傳情或是電子郵件可以媲美的。

精心的挑選信紙、信封，連用的筆都要挑過，經過反覆測試，才能下定決心下筆寫情書。往往要寫好第一段，不知道已經揉掉了多少張信紙。寫情書過程的那種緊張、刺激，心裡面的五味雜陳，眞的能夠讓人瞬間體會戀愛的各種感覺。

那個年代比較保守。不像現在這麼開放直接，好像缺乏一種距離的美感。雖然說寫情書不錯，不過啊！情書這種東西是兩個人間相當私密的東西，被人家看到可不太妙，尤其是被對方的家長看到，這可是會死人的！要怎樣避人耳目，又把內容傳達給對方，卻不被第三者識破端倪，需要相當程度的技巧與默契，這可是門藝術啊！

傳說有個數學家，利用數學算式向另一個數學家表達愛意，他設計了一個圖形方程式，程式求出來的形狀是一個愛心。數字還是有力量的！於是，很多人設

計了一連串數字轉碼的符號，成爲與在一起女友的福斯密碼，開始了用數字傳起了戀情。

仔細想想，這招不只可用在情書，還可用在日常生活速記，挺方便的。

例如：

90在53開演唱會，
我搭84去參加，
車上坐了846。
突然旁邊有輛30呼嘯而過，
開車的是個臉上有83的67，
旁邊還坐了個623！
眞奇怪。

這就是個相當簡單的轉換，只是把一些簡單的名詞轉換，在記錄上便快了許多。依照之前我們所做的數字轉碼，這段話的意思是：

「蔡依琳」在「劍湖山」開演唱會，

我搭「巴士」去參加，

車上坐了「很多阿兵哥」。

突然旁邊有輛「三菱跑車」呼嘯而過，

開車的是個臉上有「疤傷」的「怪老頭」，

旁邊還坐了個「光溜溜沒穿衣服的歐巴桑」！

眞奇怪。

◎陳光老師小教室

福斯密碼——左右腦運動

當我們順利地把數字轉碼後，不妨可以玩些好玩的東西輕鬆一下。數字的諧音其實會產生許多有趣的東西，例如現在網路上再見，會寫成8181，這就是音的轉換，讀起來似BYE BYE。不妨練習一下：

520：我愛你；

530：我想你；

1314：一生一世；

5376：我生氣了。

那麼，試試看長一點的數字：

74565376074是什麼?答案可以是：氣死我了，我生氣了，你去死。

那麼303053406588065770530201314咧？

這些啊！其實都是簡單的讀音轉換的功能，雖然方便記憶，不過因爲其中有許多是無法成爲定位的，對於記憶庫本身的功用並不大，只能玩玩罷了。

那就讓數字定位吧！先用力重複一個觀念：大凡宇宙中只有三種東西要記，圖像、文字、數字，然而，不理解的文字跟數字本身是沒有記憶的，它們很難在記憶中留下痕跡。於是我們要轉碼，我們要將文字與數字轉化，提升它們的記憶層級，成為可理解的文字甚至具體的形象。

請理解，當我們成功的將數字轉碼之後，數字不再是數字，會是可以理解的文字，最好是清晰的形象。我們其實早就用數字的轉碼轉成圖樣記了幾串數字而不自知。

比如說：當我說3939889，你想到什麼？是不是披薩？

如果我問披薩的另一組數字是：882……你會不會回答5252？

這點說明數字轉碼後產生了記憶的功能。

因此，既然數字可以轉成圖像，圖像當然也可以轉換成數字。記住，運用這方法常常練習，就如同左、右腦的揮棒運動。

當我們熟悉了我們所設定的數字及圖像轉換後，再把自己的密碼確定，在我們日常生活的紀錄上（歷史、河流長度……）會是相當好用的，尤其在做筆記、

應付考試時。當然啦！幾個有同樣密碼數的人，用這些東西筆談或是MSN對答，也能增加左右腦的運動功能。

◎作業：請利用剛學的福斯密碼，記憶歷史大事，測驗一下你的熟練度

以福斯密碼記憶：

1. 民國60年：退出「聯合國」。
2. 民國80年，終止「動員」戡亂。
3. 民國81年：全面改選「立法委員」。

提示：

60轉化成榴槤：因爲聯合國裡在互砸榴槤，所以我們要退出。

80轉成巴黎鐵塔：動員到巴黎鐵塔下抗議。

81轉成白蟻：立法委員邊說話，嘴裡邊噴出白蟻。

聖經密碼

西元一九九七年，是個相當不安的一年。世紀末嘛！再加上香港回歸中國，一個自由的體制轉而納入共產之下，除此之外，中世紀的法國預言家諾斯・達拉姆斯還預言那年就是世界末日。許多小變動造成極大的不安，人心惶惶。

那段時間出了不少關於末世探討的書，最有名的當推《聖經密碼》。不過不管信不信，《聖經密碼》這本書說明了解碼的重要性。因爲我們還沒有找到正確的解碼方法，所以只能就我們所知的事件，在書裡尋求蛛絲馬跡。於是，藉由某種方法，作者證明了古本聖經中，早預言關於舊蘇聯車諾比核電廠意外一事。彷佛作者確實運用解碼的方式找出了些東西。

密碼，彷佛透露著不爲人知的神秘功能……

◆九、福斯密碼◆

一加一大於二，兩樣東西和起來的價值，會大於個別存在的價值。

一根小木棍，很難有作用，

兩根小木棍加起來，就可以拿來當吃飯的筷子。

傳統電話，如果加上無線電收音機，成就了當今的手機。

手機的價值，遠遠超過快被淘汰的無線電收音機！

十、金庫密碼

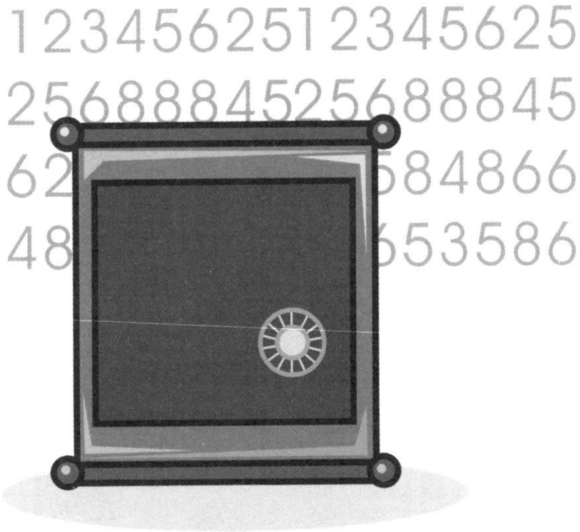

十、金庫密碼

記數字眞的不難，專業書籍出現的數字通常也沒幾位數。如果你知道我的學生每個人都能記超過二百位數，你就知道讀書的簡單。記憶數字，只要輕鬆地運用你腦袋中的「鎖鍊法」及「福斯密碼」。兩種方法的結合，就可以搞定無限位數。記住，一加一，一定大於二！

身爲一個現代人，誰沒有一兩張金融卡，沒有幾個銀行戶頭呢？然後手機、電話、早些年的時候還有BB CALL。人啊！出生就是會被一堆數字纏繞。

雖然說這些金融卡號碼都是自己的，可是說實在的，你能夠記得多少個這些自己的號碼呢？記下你家裡電話、你房間的電話，還有你的手機號碼之後，你還能記得多少其他的數字？仔細想想，你能夠記得你的銀行帳號嗎？有人連家裡親人的生日都記不牢呢！

我以前也常被這些數字給整慘，學生時代，家裡的電話、房間的電話、朋友

的電話、郵局的帳號密碼、自己的學號記得也就沒事了。但是，隨著年紀的增長，科技的進步，這些號碼，除了少了學號之外，卻多了其他更多號碼。除了郵局，還有銀行，偏偏銀行還不只一家，每家一個帳號，一組密碼，手機號碼，別人的手機號碼時代越進步，數字越來越多，說拿個筆記本、PDA抄下來嘛！有時候又不是那麼方便，你總不會拿本抄滿了自己重要數字的筆記本到處跑吧？但我卻又是個要南北飛來飛去講課的人。

有時候秘書不一定會隨身跟著，這些屬於我的號碼，比如愛人及老媽的生日，還是得要自己記。好吧！依照七正負二原理，我可以牢牢地記住所有的四位提款密碼，這是沒有問題的；但是戶頭帳號呢？

身爲廿一世紀具備超強記憶的人，不能夠放縱自己不去記憶這些數字。運用簡單的轉碼加上連鎖法，便能輕易記住了任何數字。

記住，學了超強記憶，什麼都要比別人快。吃飯快、洗澡快，連上廁所都要比人快！所以，記得自己的就算了，記得別人的生日，尤其是手機電話，在別人不經意的狀況下背出來，往往對人際關係會有意想不到的效用。

◎陳光老師小教室

啓動金庫密碼

有了數字轉碼的觀念後，對於密碼帳號之類的轉換當然也不是問題，不過，因爲金融轉帳的時候，除了自己的密碼跟銀行代號低於七個數字外，最主要的帳號，卻一定超過十個數字，少則十一個，多則達十六個。

超過七個，我們別忘了有個叫做七正負二的東西卡在我們的腦裡，海馬回這個盡職的公務員，會硬生生地拒絕這一連串超過七位的數字，別怪它，它的本性如此。

怎麼辦？超過七個怎麼辦？超過七個，記得要剪斷。

剪斷也是有技巧的，我們已經學到了三位數轉碼的技巧，就要善加利用啊！

比如這組帳號數字：930573134489。

十二位，與其拆成六位六位，不如三位三位拆，可以拆成930、573、134、489，於是，我們就方便套用之前所設定的三位數字碼。記住：順序是很重要的，當我們在解碼時，同時記得亂碼出現的順序，千萬不能混亂

930是著火的跑車，

573是會跳舞的旗山猴子，

134是套了保鮮膜的扇子，

489是死了的斑鳩。

四張圖片，請按照自己的邏輯說一次給右腦聽。

著火的扇子（930）拿在會跳舞的旗山猴子手上（573），猴子手上拿了包著保鮮膜的扇子（134），打死了斑鳩（489）。

試著想一次再寫一次看看，然後試著忘掉！你會發現，你已經忘不掉這組數字了。

金庫密碼

12碼

9	3	0	5	7	3	1	3	4	4	8	9

提升記憶層次

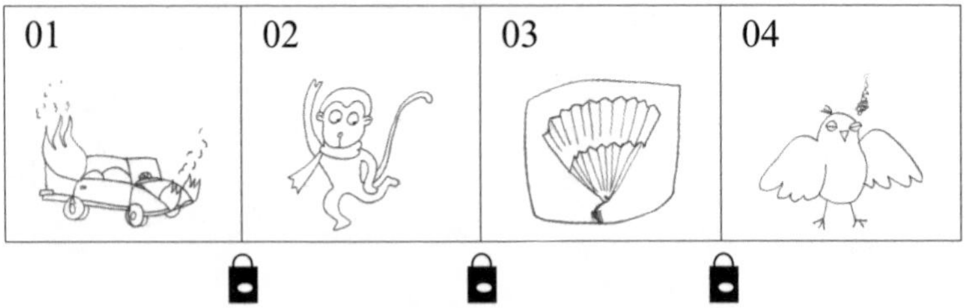

還原成點

930573134489

記得，超強記憶不只記得快，最重要的是忘不掉：930573134489快速出現；神奇吧！

你一定要讓你的腦海中浮現這些景象，儘量誇張，會在你的腦袋裡馬上留下記憶的痕跡。多玩幾種不同的數字，讓你腦海中數字與圖像的轉碼可以瞬間反應，越快越好，縮短這樣轉換的時間，對你記憶能力會有一定的幫助。

再一次提醒：宇宙裡只有圖像、文字、數字要記，所有的數字看起來都很類似，我們可以用金庫密碼來破解數字的差異。

雖然這章節講的是金庫密碼，可不表示這個方法只能拿來記銀行戶頭帳號。事實上，在更多時候，我們拿來記別人的電話號碼、身分證字號……。現在的手機隨隨便便就有十位數字，有人也會運用很淺顯的諧音，但不能處理超級難記的號碼。遇到這種情況，金庫密碼就派得上用場了，將這些數字拆開，不妨省略一開始的0，而從9開始拆解，三位數三位數的拆解，記下別人的手機號碼，輕鬆又愉快。

◎作業：記憶 623967598994 十二位數字

提示一：因爲記憶無法記憶超過七位，所以將之拆成三位三位 623、967、598、994。

提示二：利用我們所學會的轉碼技巧提升記憶層次，將數字轉化成自己看的到的圖像。

提示三：當你看到圖像後，用鎖鍊法將三個圖鎖住，再將圖像還原成數字。

提示四：試著忘忘看：，是不是忘不掉了？

提示五：嘗試倒回來背背看！

二減一大於二

如果你在考數學時，說出二減一大於二的答案，你大概會成爲全班的笑話以及數學老師的噩夢。但是，其實在不少地方，二減一是可以大於二的。

在一次拍賣會上，眾人莫不競標一張世界上僅有兩張的郵票，世界上僅有兩張，這是多麼寶貴的啊！

最後這張郵票由一位富豪以五百萬美元得標。當他在眾人羨慕的目光下接過這張郵票後，富翁卻點了一把火，將其中一張郵票燒掉。在場所有的人都驚訝的張大了嘴。大家議論紛紛，面面相覷。

等眾人看來比較平靜後，這富翁叫他的助理拿出個盒子，裡面是一張一模一樣的郵票。然後他朗聲說道：「剛才那張郵票，全世界僅有兩張，每張要五百萬美金，現在這張全世界僅此一張，你們覺得價值多少呢？」

最後富翁以兩千萬美金賣掉了這張郵票。

二減一，確實大於二！

記圓周率對於學習超強記憶的人來說不是問題，倒背圓周率也沒問題。

當我們看到小學生或七十四歲的老人在幾分鐘內，就能流利地將圓周率正背、倒背出來。

你告訴我全世界只有你的記性不好，記不住圓周率嗎？

你還打算一直這樣告訴別人嗎？

十二、不可能的任務：倒背圓周率

3. 14159 26535 89793 23846 26433 83279 50288
41971 69399 37510 58209 74944 59230 78164 06286
20899 86280 34825 34211 70679 82148 08651 32823
06647 09384 46095 50582 23172 53594 08128 48111
74502 84102 70193 85211 05559 64462 29489 54930
38196 44288 10975 66593 34461 28475 64823 37867
83165 27120 19091 45648 56692 34603 48610 45432
66482 13393 60726 02491 41273 72458 70066 06315
58817 48815 20920 96282 92540 91715 36436 78925
90360 01133 05305 48820 46652 13841 46951 94151
16094 33057 27036 57595 91953 09218 61173 81932
61179 31051 18548 07446 23799 62749 56735 18857
52724 89122 79381 83011 94912 98336 73362 44065
66430 86021 39494 63952 24737 19070 21798 60943
70277 05392 17176 29317 67523 84674 81846 76694
05132 00056 81271 45263 56082 77857 71342 75778
96091 73637 17872 14684 40901 22495 34301 46549
58537 10507 92279 68925 89235 42019 95611 21290
21960 86403 44181 59813 62977 47713 09960 51870
72113 49999 99837 29780 49951 05973 17328 16096
31859 50244 59455 34690 83026 42522 30825 33446
85035 26193 11881 71010 00313 78387 52886 58753
32083 81420 61717 76691 47303 59825 34904 28755
46873 11595 62863 88235 37875 93751 95778 18577

十一、不可能的任務：倒背圓周率

「趕快學超強記憶，假如你不想成爲這個世紀最笨的人！」

想想，如果你可以沒事，無聊時就拿個無限小數記到小數點後面幾十位、幾百位，請告訴我，還有什麼是你記不起來的？

我在建中時擔任吉他社社長。升學的過程雖然看起來辛苦，但還是有時間去做許多自己的事。這就是會超強記憶的好處。

大學時代還是搞吉他社團，雙魚座天生對音樂的愛好。而且，彈吉他對當時的我來說是多麼帥氣的事，在那個民謠的年代裡，穿著乾乾淨淨的襯衫還有牛仔褲、一雙帆布鞋，拎著把民謠吉他在校園裡的某個角落裡彈彈唱唱，這是件多悠揚、多麼愜意的事。我之所以這麼做的原因，不止是因爲這樣看來很帥，帥的話，聽說追女朋友也會比較快。

想起個題外話，記得有一次姊姊從泰國帶了個鬼面具回來，那是個整個套在

頭上的橡膠面具，模樣很恐怖。這讓我突發奇想：這麼恐怖的東西該好好應用一下。有次辦活動時，我特意將燈關掉，現場一片漆黑，就在這漆黑中點上蠟燭慢慢地營造氣氛。

當時不少人心想大概會像是一般流行的那樣，黑暗的房間，響起輕盈的樂聲，然後一盞淡淡的光打在表演者身上。這是多麼美的意境！

整個步驟也的確是如此。只是當我回頭，台上這個該是文文質彬彬的陳光轉過頭來，竟是張鬼怪面孔，場內尖叫聲隨即四起。

目的達到了，我得意的將面具拿下來。沒想到，卻聽到台下學妹講了一聲：

「一樣嘛！」

輕輕傷了我的心……。

每天可以沈溺在音樂與社團的快樂世界。我就是爲了這個單純的理由，延續我的吉他社長生涯。我看到很多小學弟努力打工，只爲買把好些的吉他，每天背到學校，到社團找人學，每天努力壓弦，壓到手指長繭。像不像三分樣，雖然歌彈沒幾首，倒是動作學得很帥，很有氣質的樣子。

帥歸帥，彈琴彈不過人家，也別想「談情」。爲了自己的幸福，學弟們開始積極地思考捷徑學習；學音樂的生涯，不只是撥動吉他，大部分的時間都花在苦練樂譜。身爲社長的我，決定發展一套絕對能夠迅速學成的獨門絕技，憑著這招，我相信讓那些吉他練得天昏地暗的人吐血。吉他絕技，當然能花比正常人少的時間，就能跟那些早就彈吉他彈成精的前輩們較勁。我堅信：學任何事都不能一步登天，但，絕對有捷徑。除了在技巧上下功夫，還有很多方面可以更省力，這是一般人會忽略的。

仔細研究：社團裡面彈吉他的人，好像大多數都只是看和弦而已，而和弦雖然難，但是有很多歌的和弦是一樣的，而且，有時候，可能只有簡譜卻沒有和弦。所以我覺得，應該能夠在這方面加以轉碼。

112233434555112233445551233344404313132205202234407712107765……光看簡譜立刻就知道這是什麼歌。所以，只要記得，拿把吉他就能談唱自如。當時我教出來的學弟，只要看過一次的簡譜，就能夠記下來。沒想到，之後學弟還發展出了能夠倒過來唱的能耐！

◎陳光老師小教室

倒背圓周率

當我們數字與圖像的轉碼成功後，除了拿來記帳號、電話號碼之外，不妨試試看記點不同又特殊的東西來驗收一下成果。不是用來滿足自己，或來嚇人、炫耀，而是當你在抓取資訊時，你知道大腦正在不斷做左、右腦的運動。

記什麼好呢？圓周率似乎是個相當不錯的主意。大部分的人知道的圓周率爲3.14，有些人厲害點，也不過背到3.1415626。但你預估如果專心背，你最多能記得多少位呢？你覺得當你記憶超過七個數值後，你的海馬回不會出面干涉？或許你用硬背，但硬背資訊要多久，又會記得多久呢？

透過轉碼的功用，數字轉成圖像大腦隨即將之鎖住，可以記下無限位數碼，我的學生能夠輕易地記憶小數點下的四十一位，事實上，能記下的遠超過這些位數。

3.1415926535897932384626433832795028841971，這就是圓周率到小數點後面四十一位的正確數字。先不需要考慮到數字轉碼的問題，在這一連串數字裡，最前面的幾個數字 3.1415926 早就是所有人耳熟能詳的，我想這不需要特別再去記憶。而且，正因爲符合七正負二原理，我也不需要特別記憶 3.1415926 這短短的數字，我相信很多人只要看過一次就能夠輕易地記下。

之後的 535897932384626433832795028841971 才是有趣的地方，依照我的邏輯推演，以及我將數字轉碼，提升到可記憶圖像的層級之上。

依七正負二原理先切割：

53589

79323

84626

43383

27950

28841
971

再將這些數字轉碼：

5＝跳舞；35＝珊瑚；89＝斑鳩；
7＝發白的；93＝軍人；23＝歐巴桑；
8＝衆多；46＝阿兵哥；26＝河流；
4＝死；33＝星星；83＝疤傷；
2＝兩個；79＝氣球；50＝武林高手；
2＝兩個；88＝喇叭；41＝司儀；
9＝著火的；71＝奇異果。

注意一下我的拆法，我將這一連串的數字以五位爲一組區分開來，然後再將這五位數字，分成兩組，前三後二。

轉化完後，邏輯思考一下：

如果跳舞的珊瑚能捉到斑鳩，

臉色發白的軍官就會抱住阿桑，

一堆阿兵哥看到後都跑到河邊嘔吐，

笑死天上的星星摔的全身都是疤傷，

天上沒有星星，只剩兩個氣球綁著個武林高手飛上天，

地上有兩個喇叭被司儀拿著實況報導，

還一邊吃著了火的奇異果。

誇張的景象讓我一下子就記住這一長串的數字。這些，就是所謂的轉碼功用。當然啦！倒背，只要將圖像倒回來跟自己描述，再讓左腦向右腦搜尋一次，對於右腦訓練過的你，倒推四十一位絕不是什麼難事。

◎作業：請記憶圓周率至小數點後六十位以上

3.14159265358979323846264338327950288419716939937510582097494459230781640

提示：轉碼提升記憶層次至圖像，再還原爲數字。

不可思議的π（圓周率）

3. 14159 26535 89793 23846 26433 83279 50288
41971 69399 37510 58209 74944 59230 78164 06286
20899 86280 34825 34211 70679 82148 08651 32823
06647 09384 46095 50582 23172 53594 08128 48111
74502 84102 70193 85211 05559 64462 29489 54930
38196 44288 10975 66593 34461 28475 64823 37867
83165 27120 19091 45648 56692 34603 48610 45432
66482 13393 60726 02491 41273 72458 70066 06315
58817 48815 20920 96282 92540 91715 36436 78925
90360 01133 05305 48820 46652 13841 46951 94151
16094 33057 27036 57595 91953 09218 61173 81932
61179 31051 18548 07446 23799 62749 56735 18857
52724 89122 79381 83011 94912 98336 73362 44065
66430 86021 39494 63952 24737 19070 21798 60943
70277 05392 17176 29317 67523 84674 81846 76694
05132 00056 81271 45263 56082 77857 71342 75778
96091 73637 17872 14684 40901 22495 34301 46549
58537 10507 92279 68925 89235 42019 95611 21290
21960 86403 44181 59813 62977 47713 09960 51870
72113 49999 99837 29780 49951 05973 17328 16096
31859 50244 59455 34690 83026 42522 30825 33446
85035 26193 11881 71010 00313 78387 52886 58753
32083 81420 61717 76691 47303 59825 34904 28755
46873 11595 62863 88235 37875 93751 95778 18577

視盲與心盲

北歐神話中的主神歐丁，號稱智慧之神，然而他並不以他的智慧驕傲。他還是希望能獲得更多的智慧。但爲了讓自己獲得更多智慧，於是他出發去尋找智慧之泉。傳説中喝了智慧之泉的人，智慧將會倍增。

好不容易歐丁終於找到了智慧之泉，正要取一杯泉水時，泉水的守護者突然出現，並且阻止他。

「你如果想要喝一口泉水，你得要付出些代價？」

「什麼代價？」

「你必須付出你的一隻眼，從此看不到，我才能讓你喝！」

爲了喝一口智慧之泉的泉水，得要付出眼睛，這讓歐丁陷入了思考中。他在想，到底值不值得……。

他並沒有想得太久，便動手挖出自己的眼睛丟到了泉水裡，然後舀起一杯水，一口氣喝了下去。

「視盲還可以原諒，心盲，那就無可救藥了。」歐丁説。

卡通神奇寶貝風靡天下多少小朋友，不只日本、台灣，就連遙遠的美國也難逃神奇寶貝的魔力。姑且不論日本人的行銷功力，神奇寶貝確實提供孩子不少的夢想。大概不少人都希望能夠像小智一樣，有個神奇寶貝球，能夠從中召喚出皮卡丘，或其他的神奇寶貝吧！

想想，如果記憶的物件就是我們的神奇寶貝，能夠把A、B、C字母拿來當神奇寶貝球，召喚收藏我們的記憶庫裡，那該多好？

十二、英文字母記憶庫

十二、英文字母記憶庫

當文字不再是文字，數字也不再是數字，就進入我們的記憶區，可進一步成爲我們的記憶庫。

記憶庫經過定位，就隨時可以抓取資訊。

什麼東西可定位成記憶庫呢？

陳光老師說：有順序的，就能拿來定位。

雖說會把東西編碼，不過說眞的，光只是用數字來作爲編號，有時候眞的不夠用。然而，最高記憶層次的東西就可以拿來當作記憶庫（圖像、理解的文字），不過記憶庫這種虛幻的東西，最好在大腦能夠直接反應成圖形比較好。

每次背書的時候，總是會有些必須依照順序記憶的資料。什麼東西只要依照順序背起來就會比較麻煩。學生如果不懂記憶，就只能塡鴨嘍！不過只要會簡單

的定位技巧：「就是因爲要依照順序，像是看地圖啦、記年代啦！這些東西是依照順序才容易出錯，往往是我們贏人家的地方。」一個學過超強記憶的同學得意的說。

記得當年讀書時，也是一下是數字、一下是符號，爲了方便起見，我花了一個晚上，把所有那時考試要記得的東西全部整理出來，重新轉碼。雖然平常我不是這麼勤快的人，不過啊！那時是爲了考試，一切都是爲了考試，再怎麼認眞，只要對成績有正面幫助的方法，我都會一試。

就像是我破解了怎麼背書、怎麼讓英文單字過目不忘的方法，我當然不能在這個關頭對龐大資料認輸。藉由破解、增加記憶庫的原件，讓我能夠更有效率地記完整套參考書的重點內容。

爲了達成快速記憶的計畫，某些程度的犧牲與浪費是合理也可以被允許的。我挑了個月黑風高的晚上，萬籟俱寂。只聽到遠方巷口傳來的狗叫聲，以及偶爾呼嘯而過的汽車引擎聲。我這次沒有攤開課本，只是稍微列出了一些需要依照順序來背誦的東西，像是道路、河流之類的東西。

我把這些東西列在一張白紙上，再輕輕地在這些資料前面標上英文字母。然後看著些東西發呆，眞的是在發呆，還是大腦思緒在重排？我試著想到底要怎樣才能把這些資訊快速記憶。

四周越來越安靜，連狗叫聲都聽不到了。就在這個連狗都該要下班的時間，我依然盯著桌上這些東西看，我試著串連出一條能夠讓自己在記憶這方面長治久安的道路。

是的，就在那電光石火的一刻，我領悟了，因爲我想起了美語學校一句話：「A、A、A……A for apple！」就是這句話，我開始靠著我的邏輯，連結所有需要記憶的原件。這句話讓我順利地運用字母的形象，藉由這形象，收復必須記憶的資訊，之後我在記課文內容的技巧上又更進一步。

◎陳光老師小教室

英文字母記憶庫

數字的轉碼轉完後，不妨把英文字母也定位一下，因爲這些符號都是最常被用來作爲編號的，以這些有順序的字母來當作記憶庫會相當實用。

當然，不是只有數字或是英文字母可以作爲記憶庫，所有已知的東西都可以充作記憶庫，然而，當我們在記憶庫中搜尋資料時，我們需要特別的線索，一些隱藏在記憶中的誇張線索。

要能夠一下子就叫出記憶庫的線索，那是什麼呢？要成爲線索的條件，需要的更是感官，一些能夠讓你的右腦更能瞬間理解的感官。

我得要不厭其煩地再說一次，可見這有多重要。就是，數字、文字本身不能被記憶，除非它提升成可理解的文字或圖像。

所以囉！不論如何，我們一定要熟知並且熟練轉碼，而且要讓我們的腦袋瓜裡，永遠清楚地留下一塊鮮明的轉碼途徑。

數字如此，英文字母的轉碼也如此。但它不難，其實小學時就學過。例如說A，一般人的都是由APPLE（蘋果）認知A。很少有人想到的是ARMAGEDDON世界末日這個字，這個字也不太利於轉碼。

所以囉！不管如何，數字轉碼也好，英文轉碼也好，ㄅㄆㄇ轉碼也罷，重點是這些轉換出來的圖像，要盡量地簡單，盡可能地能以常用的文字來轉碼。記住：轉碼是讓字母由不理解的文字提升至可理解的文字，即由非記憶區進入記憶區。記住，記憶區的任何東西都可當成記憶庫。

以下是我們對英文字母所做的轉碼。

apple 蘋果：

ball 球：

cat 貓：

dog 狗：

egg 蛋：，
fish 魚：，
girl 女孩：
hand 手：，
ink 墨水：，
jar 罐子：，
kite 風箏：，
lion 獅子：，
monkey 猴子：，
noise 鼻子：，
orange 橘子：，
pig 豬：，
quarter 四分之一：，
rabbit 兔子：，

snake 蛇；

toy 玩具；

umbrella 雨傘；

VCD 光碟；

watch 手錶；

x-ray X 光；如果覺得 x-ray 不夠通俗，那現在流行的 X-MAN（X 戰警）也行。

yoyo 溜溜球；

zoo 動物園，動物原本身形象太廣，不妨可以再更具體點，以斑馬 zebra 來表示吧！

英文字母定位

A		蘋果
B		球
C		貓
D		狗
E		蛋
F		魚
G		女孩
H		手
I		墨水
J		罐子
K		風箏
L		獅子

M		猴子
N		鼻子
O		橘子
P		豬
Q		四分之一
R		兔子
S	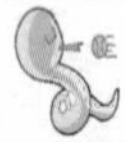	蛇
T		玩具
U		雨傘
V		光碟
W		手錶
X	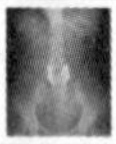	X光
Y		溜溜球
Z		斑馬

不論你的英文程度有多麼的糟，單字背的多麼少，利用自己本身對英文的認識，就可以把廿六個字母都賦予簡單的圖像（記憶庫）。當然，有一個明顯的問題，就是並不是每個人的英文程度都好到可以將廿六個字母都能聯想出搭配的圖像文字，例如X，就是一個相當冷門的字母。我們從小到大，幾乎看不到X開頭的字。

那麼，遇到這種情況該怎麼辦呢？

請假裝瞭解，遇到那些冷門的字母，其實你還是可以就文字本身形象將之轉碼成叉叉「×」。請讓我不厭其煩地再說明一點：轉碼所依據的邏輯，唯一的限制，就是必須是使用者本身能夠立即反應出來的圖像。知道這點，你就能跳脫記憶所有的限制。

你可以依照自己對於一個字最直接的印象，設計一個方便你記憶及串聯的圖像。

不喜歡VCD，那麼VOVOL也無妨，或者VIVIAN徐若瑄也可以。別被傳統教學中的既定模式給限制住了，你可以依照我所設計出的形象來走，更可以自己另闢蹊徑。重點是，在這大規則下，能夠達到訓練你大腦的溝通，以及快速轉碼就可以了。

設定好記憶庫之後，我以台灣前十條河流爲例。台灣的前十條河流是：淡水河，頭前溪，中港溪，後龍溪，大安溪，大甲溪，烏溪，濁水溪，北港溪，朴子溪。首先，我們將它們編序：

A：淡水河
B：頭前溪
C：中港溪
D：後龍溪
E：大安溪
F：大甲溪
G：烏溪
H：濁水溪
I：北港溪
J：朴子溪

我們住台灣

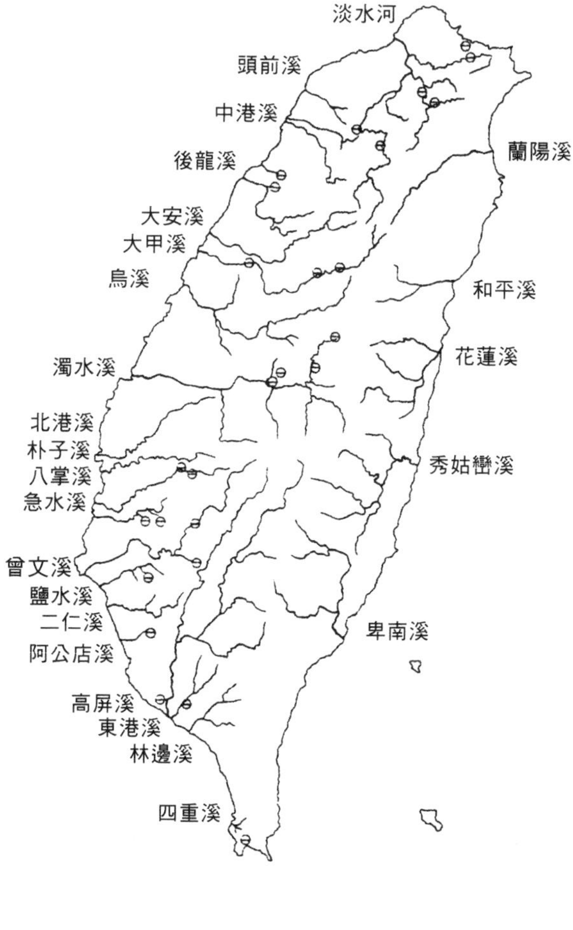
淡水河
頭前溪
中港溪
後龍溪
大安溪
大甲溪
烏溪
濁水溪
北港溪
朴子溪
八掌溪
急水溪
曾文溪
鹽水溪
二仁溪
阿公店溪
高屏溪
東港溪
林邊溪
四重溪
蘭陽溪
和平溪
花蓮溪
秀姑巒溪
卑南溪

編序完後，我們就要利用我們所設定的英文形象，使它們發生關係。在讓它們發生關係前，有件事要提醒一下。地名是不可理解的，我們在許多篇章前就已經解釋過，因此，當我們遇到地名時，要將之轉換，轉換成大腦聽得懂的，讓它進入記憶區。

請跟著我一步一步地轉換。

A：apple 蘋果：淡水河：蘋果吃起來淡淡的，沒什麼味道。
B：ball 球：頭前溪：球打到頭的前面，好痛！
C：cat 貓：中港溪：有隻貓在港的中間，快淹死了，好驚險！
D：dog 狗：後龍溪：狗被關在後面的籠子裡，好像很生氣的樣子。
E：egg 蛋：大安溪：大安森林公園裡面有人拿蛋丟來丟去，到處是蛋黃。
F：fish 魚：大甲溪：一隻魚嘴裏咬著大甲蟲，聽見「咔」的一聲嗎？
G：girl 女孩：烏溪：看見女孩兒在玩烏賊嗎？
H：hand 手：濁水溪：把手放到這條河裏去洗，越洗越髒，把水都洗濁了。

I：ice-cream冰淇淋：北港溪：北港有個媽祖廟，裏面媽祖超愛吃冰淇淋。

J：juice果汁：朴子溪：朴子、朴子聽起來像鋪子，哦！原來這家店鋪在賣果汁，果汁鋪子賣的果汁，酸酸甜甜很好喝。

◎作業一：運用英文字母定位，記憶其他有順序的資訊

◎作業二：請利用英文字母定位，記憶台灣廿五條河流

廿五條河流名：淡水河，頭前溪，中港溪，後龍溪，大安溪，大甲溪，烏溪，濁水溪，北港溪，朴子溪，八掌溪，急水溪，曾文溪，鹽水溪，二仁溪，阿公店溪，高屏溪，東港溪，林邊溪，四重溪，卑南溪，秀姑巒溪，花蓮溪，和平溪，蘭陽溪。

提示一：不妨假裝理解溪流名稱，亦即將溪水名稱也轉成可理解的文字（進入記憶區）。濁水，髒髒的水；阿公店，有個阿公開的店。

提示二：讓定位形象與河流發生關係。

例如，H：hand手，濁水溪：手放在髒水裡面洗，越洗越髒。

K：key鑰匙，八掌溪：出門沒帶鑰匙被媽媽打了一巴掌。

L：lion獅子，急水溪：不愧是萬獸之王，竟然可走在湍急的水流上，所以稱爲急水溪……。

十三、記憶英文單字

許多人在學英文的時候，都喜歡在英文單字旁邊作點小記號幫助自己發音。

例如 peacock 孔雀（皮卡克）、superman 超人（速泡麵），這種背英文法，在發音學上不被認同，但記憶學上卻切重要害。

我們要用對自己有意義的已知來幫助我們記憶。

有個冷笑話問英女王的弟弟是誰，答案是英弟。

藉由類似的想法，我們可以說孔雀是皮卡丘的朋友，叫皮卡克（peacock）。

超人變身的速度跟泡麵一樣快，所以超人是速泡麵（superman）。

記住：這種背英文的方法，在發音學上不被認同，但記憶學上卻切重要害！

十三、記憶英文單字

十三、記憶英文單字

著名的記憶術學家布拉德・喬依斯說過：「在記憶東西時，越是賦予它意義，就越能記得牢固。不論記什麼，只要它對你有意義，就能容易而且快速地記住它。」

再說一次。宇宙裡只有三樣東西要記：圖像、文字、數字。英文，只是文字的一種，若是你懂了記憶金字塔，你會納悶你之前為什麼花那麼多時間在英文單字記憶上！

文字與數字說穿了，都是種符號，都是人原始無法理解的符號，中文是橫撇點捺，英文是ABCD。這些都是不能理解的符號，跟1234是一樣的。

但是當筆畫組成文字後，這些原本不可理解的符號就變成可以理解的文字了，至少就算你眞的不明白這個字的意思，你還是可以假裝理解，假設一個「閃」字吧！你如果不認識這字，但你認得「門」，認得「人」。門裡面有個人，你要

過去，你不用閃避一下嗎？對！門裡面擋了個人，當然要「閃」。

日文的「ガ」，カ被一撇「卡」住了，ガ當然唸做「ㄎㄚ」。

這就是運用你的已知來導未知。

於是我們可以理解的一件事是：文字是符號所組成的另一種符號，而且人在造字的時候會埋些線索在裡面，找到那個線索，你就能快速地記憶。中文有象形、指示、會意、形聲。英文呢？這才是困擾了無數人的問題，畢竟，我們從小生長在講中文的環境，潛移默化之中，很多國字不知不覺都認識。英文呢？你跟別人一樣在到處是講國語的人群中學習，但你每天跟別人講英文，你看 HBO 的時候會想辦法把中文字幕消掉，你是這種人嗎？

你不是，你是正常人，你絕對會選擇比較輕鬆的溝通模式，對會講中文的人講中文，遇到不會講中文的老外，就躲起來。看外國電影時，花了五成的心力在看字幕，聽英文歌，就聽旋律，管它唱什麼，你是正常人，這是很合理的行爲。

但這讓我想起我一個同學的故事，他也是個正常人，讀書的時候，英文文法背得滾瓜爛熟，卻不會說也不會聽，畢業一段時間，英文也置之不理後，沒多久就都忘光了，連寫都有點吃力。

眼看現在越來越要求英文能力，他痛定思痛，決定好好重拾英文。他找了目前相當熱門的那種生活中學英文的機構學習，這些機構讓他有機會接觸到外國人，接觸到處都是說英語的環境。雖然大多數課外的時間他還是說中文，只有在那個機構的活動裡才會說英文，但是他的英文卻是大有進步。如今他可以用英文跟外國人對答如流。

就在他信心滿滿向別人炫耀之時，朋友拿一封國外寄來的報價單請他翻譯。他當場傻眼，因爲他完全看不懂，雖然他憑著學生時代的模糊記憶，能夠把句子分析得有條有理，但就是看不懂，只看得懂第一句：「SIR」以及最後一句「SEE YOU」。這就是專注於聽與說，而忽略了認字。他再度痛定思痛，決心好好地學習認字，學習英文最麻煩的事情不是說，而是認字，因爲對我們而言，英文眞的也是很難理解的符號。爲了能夠迅速地記憶許多單字，他跑遍坊間參考各種快速記憶英文單字的書。

每天就看著那些快速記憶的教材辛苦地背著，有沒有用呢？不知道，只知道他後來對於英文越來越疑惑，有天他突然問我：「爲什麼泉水要沸騰啊？」我傻眼，這是什麼物理問題嗎？不是，這是他在記英文單字時遇到一般超強記憶業者錯誤的教學方式。

他依著書中所賦與的單字圖像一個個努力的背著，結果他不只要背英文單字，還要背單字的圖像，事倍功半。

因爲那些圖像對他沒意義，所以他記得很吃力，用一堆光是記憶就很吃力的東西來當作線索，然後去記這個東西所演化出的結果，怎麼可能容易呢？

用別人的邏輯來記憶是錯誤的。別人的已知說不定是自己的未知，用未知導未知；徒勞無功。

記英文單字，請別像他這樣傻傻地傷害自己的大腦，我們要相信柏拉圖所說的：「已知是記憶的母親。」記英文是有方法的，透過正確的捷徑，你才可以更快地到達目的地。

◎陳光老師小教室

記憶英文單字

常看到同學背一個單字：CARCINOMA（癌症）。一個下午反覆大聲的唸了幾十次。請問：大聲、反覆唸對記憶有用嗎？

六歲之前大聲唸有用，但六歲之後連接聽覺與視覺的皮質層明明斷了呀！反覆唸也只是在右腦上隔靴搔癢。我們發現：無意識的反覆唸單字這些方法對記憶是無用的。如果一口氣都能背英文，不如試試一口氣背佛經！

仔細分析記憶的方法，也就是記憶術中的『已知導未知』，就能破解所有英文單字的背誦。我們只要粗魯的在右腦劃上一道血淋淋的記憶痕跡，配合愛賓豪斯遺忘曲線，英文單字想忘也忘不掉。

我就親眼目睹有人背泉水（FOUNTAIN）唸了一個下午。FOUNTAIN，跟

FOUNTAIN很像不就是MOUNTAIN（山）嗎？用已知導未知，從山裡噴出來的水叫泉水，已經知道了MOUNTAIN這字，只要小小修改M與F，不就知道泉水了嗎？用MOUNTAIN導FOUNTAIN，一次搞定。

我就親眼看到，坊間在賣號稱幫大家編好的「幾百個英文單字」的快速學習教學VCD。

「泉水怎麼唸？唸成沸騰，因爲泉水『沸騰』了就會湧出來。所以：沸騰FOUNTAIN……」

一個小學三年級的孩子問：「媽媽，什麼是沸騰？」

要知道：每個人的已知不同，你買到的是別人用他的已知編出來的東西，這片VCD會讓孩子一輩子只記得VCD中的這些字，因爲他沒辦法以自己的已知邏輯去記憶單字。

請理解，方法比內容重要。藉由已知導未知，讓左腦說右腦聽得懂的話，我們可以在十分鐘記下上百個單字。

記英文單字，記得用英文導英文，如：用MOUNTAIN導FOUNTAIN。但並不見得每一個英文單字你都有足夠的英文能力來導。這時候，你的媽媽（母語）就來幫忙了。可以運用你所有的已知語言來幫忙，英文不行，有中文，中文不行，有台語，很多人還用到台灣國語！

例如rash（疹），跟rash很像是英文wash（洗），wash rash，用力把疹子洗掉。英文的已知導出英文的未知是最好的方法。如果沒有wash這個字彙能力呢？台語「熱死」也不錯。熱得要死，就容易長疹子。

breath（呼吸），沒有英文單字來幫忙怎麼辦？breath：不立死，對啊！停止呼吸就會死，只要呼吸就不會立刻死。

這時我們再加上七正負二原理的技巧：人腦袋可以一次記住七個獨立資訊，超過七個字元的單字，我們要按音節切開。

例如鐵匠：blacksmith。很多同學的方法是慢慢背，不斷地反覆唸鐵匠，不列課死密司，不列課死密司B、L、A、C、K、S、M、I、T、H，一直反覆唸，反覆唸，唸到你睡著爲止。

請跟我開始拆字，我們只要在這些字上加入我們的已知，便很快就能記下：

blacksmith，拆成 black 與 smith，兩個都是我們已經知道的已知。黑跟史密斯。叫史密斯的鐵匠每天打鐵弄得全身黑黑的，所以叫 Blacksmith。不用大聲唸，用已知導未知，我們還可以處理更多單字。。

又例如 candidate（候選人）一字。

依據七正負二原理，candidate 由九個英文字母組成，九個字元不利記憶，那麼爲了符合七正負原理，我們從中挑選出對我們有意義的。candidate，date 是約會，candi 呢？不認識，那麼想一下有沒有類似的字呢？candy（糖果）如何？候選人與糖果的約會兩字有什麼關連？

請讓自己看到一個畫面，候選人在說，你投我一票，當選的話約個時間我給你糖果！這種會做出糖果約定的人就是候選人。你記起來了嗎？這只是用到你本來就知道的已知來記憶。

記憶英文單字，就是用我們的已知來導未知，以已知的英文來記憶未知的英文是最好的（英文導英文）。萬一沒有英文來幫忙時，用母語（中文導英文），就要注意英文的發音囉！畢竟記憶學不是發音學，在發音學上，還是要下點功夫的。

◎作業：請利用方法記憶以下單字

wrist（手腕）

buffalo（水牛）

bride（新娘）

blame（責備）

temple（寺廟）

armstrong（阿姆斯壯）

carcinoma（癌症）

anthropologist（人類學家）

提示一：用你所理解的已知導出未知。

提示二：超過七個字母的，請拆開。

例如：阿姆斯壯 Arm 手臂 Strong 強壯，阿姆斯壯的手臂很強壯。

自己試試：

wrist（手腕）—瑞士的

buffalo（水牛）—八分肉

bride（新娘）—不賴的

blame（責備）—被唸

temple（寺廟）—電波

carcinoma（癌症）—car（車）ci（死）no（沒了）ma（媽）

anthropologist（人類學家）—an（一個）thro（所謂）polo（趴了）gist（去死的）

人的一生有無限的可能，別把自己侷限在某個層級之中。

或許你不相信，但是，事實證明，只要你願意，沒有什麼是你做不來的。

就如同超強記憶一樣，許多人都說自己記憶力不好，學了以後，還不是隨隨便便就把圓周率記到小數點後面一百位以上。

一輩子裡沒有你做不到的事，除非你允許自己做不到。

十四、記憶庫

十四、記憶庫

大家都知道我是數學系出身的，但是我在文科方面卻明顯比數學強。因爲現在文科需把要記的東西融會貫通，其中邏輯思考就相當重要。其實，與其說天生就會融會貫通，不如說我是知道方法吧！

記得中學時也是被課本的內容搞得焦頭爛額，常會想怎麼會眞有那麼多東西要記？歷史就歷史，還分成中國史、近代史、西洋史、與中國發展史；地理就地理，還分成本國地理、外國地理、經濟地理、人文地理；國文就國文嘛，還來個中國文化基本教材。是不是教育部覺得學生腦容量反正大得不得了，隨便多少資料都裝得進去？

記得當時，每到考試就抱著一堆課本拼命猛背，背一背還若有所思的想到什麼，搖頭晃腦了一陣後，還是繼續死背眼前的書。有時看課本看到一半，突然想到什麼相關的東西，但就是想不起來是在哪裡讀到的。爲了「不浪費時間」，乾

脆不管它！誰知道這就是不能快速記憶的原因。

其實，背書時想到的相關東西（已知），是可以有效率的當記憶庫的。

有次聽個相聲段子才醒悟的，裡面是個台灣人跟大陸人對話，大陸人說：

「你們的地理，裝在咱們的歷史裡！

你們的歷史，裝成了咱們的小說！」

沒錯，我就是因爲這句話醒悟的。我聽到這句話時，突然靈光乍現如有神助。對啊！以前在背書時的靈光乍現，想到了其他科目的相關東西，卻沒有把它們裝在一起。

讀歷史時，腦袋裡面想到地理課或國文的相關東西，但是因爲那時候只專注在一門課目上，所以才沒辦法連貫。

於是，在某個考完試的下午，我決定不能再浪費自己的腦袋，把所有的資訊亂丟在腦袋中，這樣實在是相當沒有效率的一件事。所以，在那個改變我的下午，我決定把當時所有的課本都拿出來。雖然考完試了，但我可沒心情跟其他同學一樣，只是專注地「對答案」，我覺得這相當沒意義。因爲對答案並沒有什麼正面的幫助，可能只是讓自己不開心而已。

我專心的，是要把所有的資訊匯集整理起來，讓它一次進入我腦袋裡面。孔子說：「吾道一以貫之。」我決定也要把所有要背的要記得的，一次分門別類排列好。

這是個相當浩大的工程，花了我好幾天。不過還好我花了這些時間，不然，可能我得在這方面付出更多倍代價。

這一天，我發覺讀歷史時也順便讀了國文地理，許多東西可以記在一起，雖然剛開始花了不少時間，不過整理完後就方便許多，也讓我的文科成績再創新高。

我要告訴大家，這個方法，就是「記憶庫」的應用……

◎陳光老師小教室

記憶庫

請讓我再解釋一次，記憶的學習是漸進的，是有捷徑的。有了捷徑，記憶就可以一蹴可幾。在先前所討論過的幾個方法，雖然好用，卻不是最快捷徑，如果缺少了一件相當重要的東西——記憶庫。

這麼說吧！當我們在學習記憶的過程中會越記越多、越記越多，然後，這些東西都散亂無章地放在腦子裡，如果不去管理的話，愛賓豪斯的遺忘曲線就會出來作祟了。它會定期清理垃圾，讓你在不知不覺中忘掉你以爲已經記住的東西。

所以，我們在學習記憶之後，當務之急就是要建立一套記憶庫，將記憶的東西分門別類地安置其中。

所以在這裡，我們得將記憶庫劃分出來，並編號以收藏記憶，我們可以配合形象定位。就像數字是不能被記憶的，所以我們得另外將這些數字轉碼，轉成我們可以理解的文字以上就有記憶功能。

所有的事物都可以經由轉碼成爲記憶庫，不論數字也好、文字也罷、圖像最棒。

當我完成記憶庫的提升後，除了可以將所需記憶的東西，從我的茫茫腦海裡有效率地找出來外，同時，還可以直接將之轉碼，成爲另一組方便記憶的密碼。

那麼，記憶庫有什麼功用呢？要知道，我們常常需要記憶的東西並不是單一物件，而會是一連串相關的物件。這麼說吧！你總不會唸歷史的時候，先背年代，然後再記事件吧？

不會特別去記歷史：西元一九七六年毛澤東掛掉，

然後又記個人文：一九七六年唐山大地震，

然後過兩天再背個醫學：一九七六年非洲發現伊波拉病毒，

然後再來個藝文：一九七六年張艾嘉獲得金馬獎最佳女配角，

繼續背香港電影影劇：虎鶴雙形在一九七六年上演，

完了之後繼續背一九七六年，金馬獎最佳男配角是郎雄。

何必呢？你死背活背了這麼多東西，其實可以把這些東西都收在你關於西元一九七六年（騎樓）的記憶庫裡啊！你只要記得毛澤東在騎樓下蹺辮子、唐山大地震震倒騎樓、伊波拉病毒在騎樓下散開、虎鶴雙形在騎樓下開打、最佳女配角張艾嘉與男配角是郎雄在騎樓下擁抱。這樣就得了，你的腦袋裡有自動排列的功

能，但是如果你沒有建立起「騎樓」的記憶庫，這些過多的資訊也無法順利歸檔，然後就會在你的腦袋中散置，最後成爲妨礙你記憶的記憶元垃圾。

所以，請妥善的建立起你腦袋中的資料記憶庫，並且妥善地將你所需記憶的資訊，分門別類的擺置整齊。就如同你到圖書館一樣，一個整理得整整齊齊的圖書館，可以讓你很輕易而且迅速底地找到你所需要的書籍資料。反之，一個沒有規劃，沒有整理的圖書館，就算它小到只有一個十坪房間大小，裡面只有一、二十本書，你都會翻找得很辛苦。

◎作業：運用你所整理出的記憶庫，記憶台灣河流資料

一、淡水河：長度159公里，
發源地，品田山，
出海口，淡水。

二、大安溪：長度96公里，
發源地，大霸尖山，

出海口，台中縣。

三、濁水溪：長度187公里，

發源地，合歡山，

出海口，彰化縣。

四、北港溪：長度82公里，

發源地，阿里山，

出海口，口湖鄉。

提示作法，理解（或假裝理解）名稱，轉化提升記憶層次，串連所有資料。

例如：大安溪：長度96公里，

發源地，大壩尖山，

出海口，台中縣。

首先，大安溪轉碼爲大安森林公園（記憶庫）。

大安溪，96公里：大安森林公園「全程」都有「蝴蝶」快樂的飛來飛去。

發源地，大壩尖山：大安森林公園爲什麼那麼多遊客？「源自」於遊客喜歡觀看很「大」的水「壩」（大壩尖山）。

出海口，台中縣：當然是大安森林公園「出口」有人在賣「台中」太陽餅嘍。

我們就是我們想像的那個樣子。

一個三十歲的成年人，腦袋裡會儲存將近三兆個影像，這項影像不斷地交替出現，反覆運用，構成了我們對自我的認知。

它構成了我們的想法思維，嚴重影響我們的一生。

然而，很多圖像是我們所不知不覺記憶下來的，像資訊垃圾似地散亂在腦袋中……。

十五、快速操作右腦

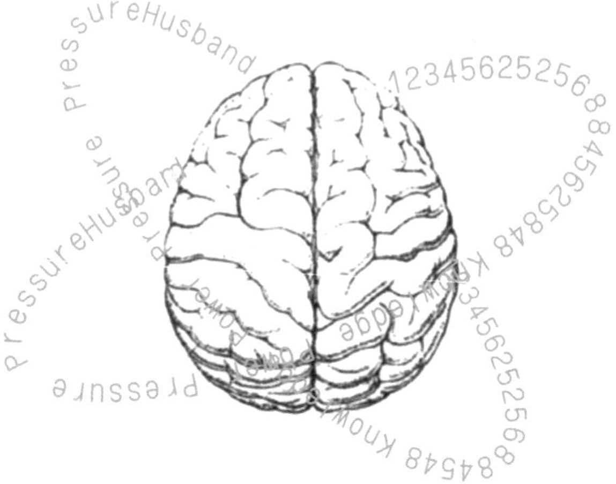

十五、快速操作右腦

你是不是和我一樣？總是會太專注於抄筆記，沒聽到老師說了什麼。

國中時代，我實在不知道那些可以一直做筆記的同學，到底是怎麼聽課的。於是，我選擇認真的上課，至於筆記，就等下課的時候再整理。不過，怎麼可能呢？下課後要做的功課太多了，怎麼會有時間整理已經上過課的內容？

於是，只得去找人借筆記來抄。同學人都不錯，也都樂意借我。看了同學的筆記，我有了心得。

我發現筆記有兩種。那些筆記做得漂漂亮亮的人，用字工整，還花花綠綠的畫了一堆重點，成績通常平平或中下，而如果筆記做得相當的精簡，有時字寫得很亂，寫錯了就胡亂塗掉，通常成績出奇的好。

於是我明白了，成績好的人上課的時候先隨便記，重心不放在抄筆記，上課主要任務是聽懂教授說的話，下課後再做重點式整理。

當然，上課連筆記都不做的人，往往是成績最差的。

從此我學會了筆記的記法：記重點。出外留學時，卻發生了個小小的問題。有時我竟然看不懂自己寫的外國字，一樣是上課亂記的筆記，中文與英文就是不同。也許是筆畫的問題，我常常看不懂自己做的筆記。

怎麼辦？要怎樣能夠迅速的把老外上課時的筆記快速而且完整的紀錄下來，又能夠聽課呢？這可是個大問題。

我第一個念頭是用大寫簡寫。的確，筆畫減少了，確實很好用。但是身爲一個中國學生，我的英文能力不夠好到可以拿簡寫來記錄筆記。光想老師那句話怎麼翻成英文，然後要怎麼縮寫，就會讓我更無法聽課了。

就在苦惱的當時，聽到有人在說一種叫做「女書」的東西，說是某個地方的女性，也沒有讀過書，自己發明了屬於自己的文字，藉著彼此相傳，女書只有那地方的女人看得懂，她們用這些自己發明的文字紀錄著生活。

對啊！我可以自己製造些符號。像是上數學課的時候「∵因爲，∴所以」這些符號都已經拿來筆記裡面用了，爲什麼不能自己多編一些比較常會用到的詞彙句子呢？

於是，我又花了點時間編了些我覺得比較常會用到的詞彙代號，藉由簡單的圖像符號，來表示某一個詞彙。當然，不是編完就算了，還得要讓自己熟悉這些圖像符號。不然，不只沒辦法第一時間把詞彙轉化成圖像，失去了快速做筆記的功用，而且也會疏忽上課的內容。更糟的是會忘掉圖像本身的意義，然後無法把這圖像轉回文字。

於是我盡可能的設計出我直覺就能反應出的圖像符號，然後努力的熟悉了一陣子。果然，效果相當好，一使用後，勢如破竹。不只我能夠聽課，還能一邊做筆記。而且回家整理的時候還能看得懂。這件事，讓我的好學生指數又上升了一點。

◎陳光老師小教室

關於快速操作右腦

就如同在記憶金字塔裡所提及，大凡宇宙間只有三種東西要記憶，數字、文字、圖像。文字只是用來「記錄」的，符號，當然也可拿來記錄。

外國人說我瞭解，說爲「I see!」以看見來表示瞭解，就是說明了在記憶理解一件事情的時候，腦海中會浮現出某種影像，當然，這影像與個人的邏輯思維認知有關。

先前提到的左腦、右腦連結，其實人約莫六歲的時候左、右腦的連結斷掉了，變得不是那麼直接了。當我們還在六歲前，聽到「爸爸」，會想到抱著親我們時那扎人的鬍子。這些在幼時所灌輸的印象，如今已經在我們腦裡成爲基本資料，進入永久記憶的領域。今日我們再說到「爸爸」時，不經意想，還眞想不起爸爸那扎人的鬍子呢！

而我們就要利用這些我們曾經可以看得到的形象，這些已經深植在我們腦袋裡面卻被擱置的形象，重建記憶線索來幫助我們記憶。我們想辦法把我們所需要的重要文字做符號轉化，當然，轉化並不是隨便轉，而是要有邏輯的。什麼邏輯呢？就是你的已知，這就是唯一的限制。

藉由這樣的方法，我們將記憶的文字轉化成符號，轉化成自己印象深刻的符號。這麼說吧！如果今天桌上擺了兩種東西讓你記。一張紙上面寫著：「蘭棹舉，水紋開，競攜藤籠採蓮來。」；另外一張紙上面是一幅畫，簡單地畫著幾艘精美的小船，船上幾個人拿著竹籠，在水池中採著蓮花。

你覺得哪樣東西你比較容易記下來呢？其實兩個都是一樣的東西啊？只是文字阻礙了你的記憶能力。你的腦袋會先轉化文字的意思，才讓這句子進入你的記憶區中。既然如此，那麼何不就直接用圖像記憶呢？省得你的腦袋每次都要不斷的轉化，將文字轉化，將數字轉化，讓這些非記憶的物件，提升到可以記憶的層級。

所以，請記得要讓你的大腦習慣去轉化，訓練自己的腦袋有能力將記憶原件圖像、文字對照的功能。這彷彿是左、右腦運動：左腦將資訊拋向右腦，右腦又將資訊拋回左腦。迅速將這些非記憶的物件轉化成能夠記憶的圖像。不過轉化成圖像，這只是其中的一部分，畢竟，你所需記的資訊，並不全都可轉爲圖像，有時候只能轉成理解的文字，記憶層次就再也升不上去了。

於是當你將這些物件儲存到腦袋裡時，你可以將它們用符號記錄，但是，當你要把這些東西從腦袋裡提領出來的時候，請要能夠再將這些已經轉化成符號的文字還原。

記憶並不是什麼困難的事，但是眞正困難的事是，你要能夠將你記憶的東西再從腦袋中完整無缺地召喚出來。就像是你存了一筆錢到銀行，不論銀行把這筆錢拿去幹什麼，重點是，當你要提領時，銀行會給你原來那一筆現金，而不是給你一張支票或是期貨、證券之類的東西。

與右腦溝通快速橋樑

很久以前：

不久以前：

現今：

即將：

很久以後：

一段時間：

開始：

結束：

導致：→

來自：←

增加：⤴

減少：⤵

上限：⤒

下限：⤓

宣布、建議：

同意：Ok

不同意：

一起：↕

分開：

世界：W

國家：□

國內：⊡

國外：

區域：

城市：⊙

東：

南：

西：

北：

點：·

論點：

觀點：

人：

一群人： S

男人：♂

女人：♀

猴子：

禁止：⊘

想、回憶：……

問題：Q

回答：A

會議：

可能：～

很可能：≈

遇到：→←

矛盾：

因爲：∵

所以：∴

總是：∞

從不：

全部：*all*

提示文字：
- 雖然……但是
- 竟然
- 不過
- 更進一步說
- 除非
- 甚至

!

◎作業：自己設計一些方便你閱讀筆記的小符號，然後運用在日常的筆記中

提示一：

這符號是必須能夠用在任何地方的，因此不能是一整個句子。設計如：禁止迴轉。

提示二：

練習讓你的大腦習慣去轉化，習慣圖、文互換。如同揮棒、投接球一般，讓你的左腦與右腦有一定的默契，能更迅速的轉換合作。

效率

在一個乍雨過後的下午，蝸牛悠閒地在林間散步，突然一隻烏龜急急忙忙地從後面趕上來。烏龜並沒有注意到蝸牛，不小心一腳踩過了牠。

蝸牛受了重創，倒在路旁，過了一陣子後才有人發現，將牠送到醫院。

「你有看到是誰要負責嗎？」有人問蝸牛。

只看到蝸牛慢條斯理的說：「牠的速度太快了，我來不及看。」

「不要再跟成績不好的人做比較了。」

事情是相對的，相對於緩慢的蝸牛而言，烏龜的速度確實快了點。

有個很強調方法的書呆子，從小讀書為了提升效率，不管看什麼書都會立刻將重點記下，然後把覺得不必要的東西給劃掉。

這方法讓書呆子在考試上無往不利。終於，書呆子也有春天，他喜歡上同班一個很文藝的女孩子。

為了要追這女孩，他決定要看女孩愛看的言情小說，他要有效率地瞭解女孩的喜好。一口氣買了十本言情小說，依照他往常的讀書方法，他一個晚上就看完十本了，而且，幾乎每一頁每一句都被他劃掉了。

書呆子的結論是：女人果然是謎。

十六、有效讀書方法：2R法

十六、有效讀書方法：2R法

讀書其實很簡單，簡單的READ跟RECITE。有些人不知道這兩個方法，被讀書困擾了一輩子。

我有時候眞的很懷疑現在孩子到底讀書的壓力是大還是小，翻看一下教改的政策，覺得現在孩子的壓力比我那時候大得多。我那個年代，只要一次考試就可以決定之後的走向，說壓力大嗎？也不盡然，建中裡到處都是那種平常很混，只要求自己能低空升級那種人，卻在最後半年的時間閉關苦讀，結果也是上台大的怪人。

但是有時候看看現在的孩子，每天都有考不完的試，課本一大堆，反而沒有像我們以前那樣的確定版本，教改的讀書環境充滿了不確定。不過，以前我們倒是拼命讀書的人很多，深怕書讀不完；可是轉換時空到了現在，雖然我覺得學業壓力變大了，但是好像過得悠悠哉哉的人也變多了，不知道他們是覺得壓力變小

了，還是被逼的放棄了自己呢？

我還記得我那個時候讀書，雖然課本只有國立編譯館一種，不過，爲了讀得更細，還會弄一堆講義參考書來讀。好處是那些參考書幫我把課本的重點整理得清清楚楚的，但是，也有壞處，就是讀的東西還是一樣變多了。本來嘛！讀書本來就不能本末倒置，不能全部依靠參考書而不看課本，畢竟，雖然參考書好像編得比較詳盡，但是很多概念還是從課本裡面出來的，如果參考書有遺漏，又不看課本的話，對資料整體架構的瞭解是會有問題的。

隨著聯考時間越靠近，要讀的東西就越來越多。高一的時候，只有高一那幾本，高二的時候，其實也只要看高二那幾本也就得了。但是到了高三，除了高三本身的，還要再把之前高一、高二的也都拿出來看，因爲聯考不可能只考高三讀的啊！還有高一、高二的都要一起考。所以囉！學校的考試也都是綜合範圍的。

學生成績不好，大多都是因爲忘的比記的還快。

考試的範圍一大就討厭，之前學的全忘了，覺得書怎麼複習都不夠，整本書讀得破破爛爛的，卻還是覺得少看了幾遍。

越到考試的時候越慌，反覆了幾次之後覺得不該這樣。痛定思痛，決定要絕地大反攻，要破解讀書的方法。我相信，天下的事，都是方法的問題，只要方法正確，讀書絕對會快速許多。

於是，找了聯考前最後一個寒假，我也不去參加什麼加強班了，也不上什麼輔導。我就是待在自己的房間裡，把所有的課本參考書攤開，然後一個字一個字的解讀，我相信，絕對能夠找到迅速讀書的方法。不該浪費時間在背一些其實不需要背的東西上面。

我拿著各種顏色的筆，像是怪博士做生化實驗一樣，一邊在我的課本上圈畫著，一邊發出得意的笑聲。偶爾，冬天的天空打下一聲響雷，冰冷的冬雨灑在冷清的道路上。閃電照亮了我的房間，我還是獨自一人圈畫著課本。現在想想那狀況還挺詭異的。

不論如何，我終於破解了快速讀書之道。用2R法讀書，不僅不用背，而且忘不掉。在日後許多升學、考執照都用得到2R法，除了看小說及八卦刊物之外。

◎陳光老師小教室
2R法

藉由記憶庫的確立，可進一步地將所需記憶的物件更有效率的記憶。而爲了搭配考試，另外需要的，便是有效率的閱讀。

在加強閱讀效率上，2R法的使用是很重要的，它能幫助我們在短時間中找出所需吸收資訊的記憶重點，而不會將時間及精神花費在其他旁枝末節上。依照七正負二原理，資訊一多，海馬回便嚇得關起來。

在瞭解2R法前，有兩件事是我們所必須有所體認的。當我們在看一本書，而這本書不是什麼小說、散文之類的休閒刊物，而是我們所要額外吸收的，諸如課本或是參考書、講義之類的書籍資料時，其實這些東西裡面，會有很大比例的廢話。所謂的廢話，並不是完全地無意義，只是，這些廢話多半是裝飾用的，將資訊裝飾成句子，讓這本書看起來像是本書，而不是單字本。

又由於每本書都是依作者的喜好編排，作者如何知道什麼是讀者的已知，什麼是讀者的未知？大部分的內容是在作者的邏輯中打轉。

所以對讀者來說，平均一本書，將會有百分之八十以上的廢話。首先瞭解廢話的定義：

1. **文章裡不必說我們就懂的叫做廢話。**

2. **文章裡一說我們就懂的也叫廢話。**

比如說：「蔣中正字介石，夫人名字是蔣宋美齡」。雖然重要，但對大多數人來說，這段話無疑是廢話。

有時，我們下午有個重要的會議報告，突然拿到一篇相當重要的資料，要在最短的時間內將這篇資料消化記憶，以便能夠好好地完成報告。這時候我們除了無法一字一句地品味這篇資料裡面的用字，還必須刪除我們已知的「廢話」。

2R法的運用確實會讓你在讀資料時快速搜尋重要資訊，閱讀資料時，避免海馬回被龐大資訊關閉，這點非常重要，但大部分的人並不知道。所以，讓我來好好地說明一下2R法的兩大步驟。所謂的2R法的兩個R，分別代表的意義是READ（閱讀）以及RECITE（與右腦溝通）。

首先第一個R，代表的意義是READ（閱讀）。有人說，我從幼稚園就開始閱讀。錯了！其實好多人都在胡亂閱讀，眞正閱讀有兩個重要的步驟：

一、刪除廢話：除將所有無關緊要的介系詞、連接詞刪除，最重要的是將作者不必說我們就懂的以及作者一說我們就懂的刪掉。例如：西元一九七七年（民國六十六年），美國著名大卡司電影星際大戰首次向廣大群衆公開放映。這句話裡，我們只要記得一九七七—星際大戰首映。兩個重點，其餘都是可以視而不見的廢話。

二、畫記重點：一本書若刪除贅字，將會把整本書刪到爛掉。我們通常運用劃記重點（HIGH-LIGHT）替代刪除墜字。畫重點，贅字當然不畫，但最重要的是：每次劃記不得超過七個字！猜猜看爲什麼？七正負二原理。任何一樣東西進右腦都必須符合七正負二原理。

例：概說爬蟲內文

大型爬蟲類恐龍們在中生代的地球生活了兩億多年，直到六千五百萬年前，生存環境發生重大變化，大型爬蟲類完全滅絕，到現在僅存喙頭蜥類、鱷類、龜鱉類、蜥蜴類和蛇類等五類體型較小的爬蟲類。而當時某些爬蟲類演化成有羽毛的始祖鳥，所以，爬蟲類也是鳥類的祖先。

經過刪除廢話墜字，以及標出重點（加框的文字），這篇文字成爲了純粹的資訊，一篇一百多字的短文，經過READ之後，只剩下幾樣重點資訊。

大型爬蟲類恐龍們在中生代的地球生活了兩億多年，直到六千五百萬年前，生存生存環境發生重大變化，大型爬蟲類完全滅絕，到現在僅存喙頭蜥類、鱷類、龜鱉類、蜥蜴類和蛇類等五類體型較小的爬蟲類。而當時某些爬蟲類演化成有羽毛的始祖鳥，所以，爬蟲類也是鳥類的祖先。

第二個R—RECITE：說一次給右腦聽。這裡強調的是說右腦懂的語言。右腦

只聽得懂已知的東西，我們可以用所有已知當記憶元。

簡單地整理剩下幾種記憶物件，並且將這些物件轉換成我們能夠理解的文字。

但在這裡強調：每個人的邏輯都不同，我只是簡單記錄「我的」邏輯。

1.兩億：兩億，中了樂透彩，得到兩億。

↓大型爬蟲類們活得好像每天都中樂透這麼快樂。

2.六千五百萬：六千五百不能視爲六千五百，要轉換成已知的「6500」（落伍的老爺爺），以方便轉碼記憶。

↓直到落伍的老爺爺，或許是拒絕交配吧?!大型爬蟲滅亡了。

3.喙頭蜥類、鱷類、龜鱉類、蜥蜴類和蛇類：資訊在七樣之下，正符合七正負二原理（一個大小、方向、順序、甚至一個故事）。

↓喙頭，轉成會點頭。爲什麼點頭呢？因爲看到比自己大隻的鱷類，猛點頭的樣子看起來好像龜鱉。至於不願點頭稱臣的一般蜥蜴類，就被蛇吃光了。

註：鳥類的祖先：始祖鳥。這是我們早就知道的，這句話根本對某些人來說是廢話。

有效的運用這2R法，對於讀書的效率，會比以往快出好幾倍，對重點掌握迅速，配合遺忘曲線，任何人都考不倒你。

◎作業：請用二R法記憶以下文字

陸生脊椎動物約在泥盆紀末期出現，此類生物稱爲兩棲類。而爬蟲類則由兩棲類演化而來。兩棲類的卵需在水中發育，而在石炭紀後期出現的爬蟲類則演化出卵殼，阻止水分散失，讓牠們可以離開水中到陸上生活，於是大小型爬蟲類漫步在中生代的地球上。

提示：

一、READ：刪除廢話或畫記重點（每次不超過七字）。

二、RECITE：說一次右腦懂的語言。

「陸」生「脊」椎動物約在「泥盆紀」末期出現，此類生物稱爲「兩棲類」。而「爬蟲類」則由兩棲類演化而來。兩棲類的卵需在水中發育，而在「石炭紀」後期出現的爬蟲類則演化出「卵殼」，阻止水分散失，讓牠們可以離開水中到陸上生活，於是大小型爬蟲類漫步在中生代的地球上。

對症下藥

女兒成績不好。

媽媽愛女心切，總是不斷地鞭策女兒用功唸書。從早晨直到深夜，不斷嘮叨求學的重要。

每晚上床時，女兒已經疲憊不堪了，但是，媽媽並沒有讓她多睡一點。每天早上調好鬧鐘，鬧鐘一響就把她叫起來，開始一整天的苦讀，直到就寢。

女孩再也受不了這種日子，每天想辦法，找機會能夠解決這些痛苦。有一天，她突發奇想：把鬧鐘砸爛。只要鬧鐘不再響，一定可以多睡一點。

幾天找不著鬧鐘，愛女心切的媽媽，因爲害怕耽誤孩子讀書時間，乾脆一晚不睡，聽到深山裡公雞一叫，就把孩子叫起床。

女孩沒有逃離命運，比以前起得更早。

媽媽的教育方式對嗎？

◆十六、有效讀書方法：2R法

有三個挑磚工人在挑磚。

第一個很努力，一次挑十塊磚，第二個比第一個壯一點，他一口氣挑十四塊磚。第三個最壯，但他卻一次只挑兩塊磚。

工頭看到後就發火罵他：你為什麼這麼懶，一趟不多挑幾塊磚？

沒想到他卻振振有辭地說：他們才是真懶惰，連多挑幾趟都不願意！

十七、記憶網

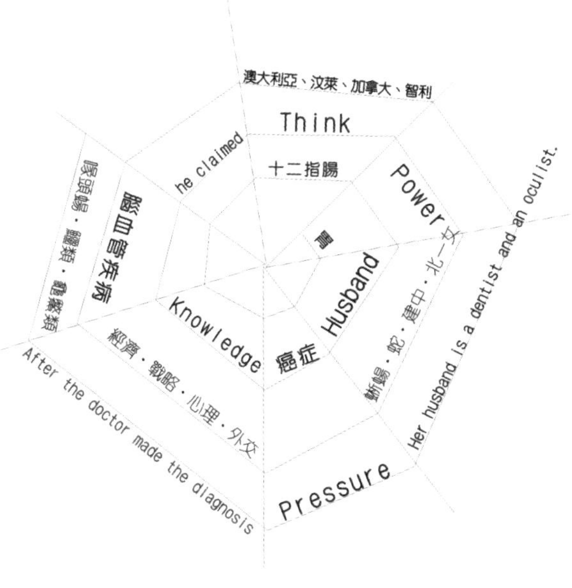
澳大利亞、汶萊、加拿大、智利
Think
he claimed
十二指腸
Power
胃
腦血管疾病
喉頭蜴・鱷類・龜鱉類
Husband
Knowledge
癌症
經濟・戰略・心理・外交
蜥蜴・蛇・建中・北一女
Her husband is a dentist and an oculist.
After the doctor made the diagnosis
Pressure

十七、記憶網

釣竿釣魚一次釣一尾，網子一次撈一堆。記憶不是補魚，沒有生態問題，何必一次記一樣。

常看到同學拿著書本一個字一個字猛K，也有同學一個下午坐在書桌前，眞正有效的讀書時間不到十分鐘。

「坐在書房的時間等於讀書的時間嗎？」

家長該省思這句話。

其實，瞭解大腦的功能後再使用，讀書效率可以呈指數成長。我們常聽人家說「觸類旁通」。學了超強記憶，會讓我們的記憶不再是一個一個出現的水平單一物件。

記得以前讀書的時候，有些老師就是一整堂課拿著課本猛唸，跟唸經一樣。

時間一久，你會感覺到空氣開始慢慢凝結，然後，你的身體會有一陣暖流，接著，你開始聽到有人在呼喚著你的名字。不是老師就是同學的聲音，你才發現你已經睡著了。

不要怪老師表達能力不好，這是你不懂得聽話、節錄重點的技巧。社會上大多數的人都是不看資料，會一下子就忘了自己到底要講些什麼，但是一看資料，就會情不自禁地照本宣科的人。

這時候就該是記憶網發威的時候，透過記憶網的功用，我們可以把所有需要的資訊全部搜尋起來。一般人聽的是點，訓練過的人會去記整條線，但線狀思考線畢竟是水平思考，學了記憶網，就可以加入鉛直思維，用網子一次把資訊全部網起來！

◎陳光老師小教室

關於記憶網

所有我們所要記憶的資訊，其實可以拉成一張很大很大的網子，在這網子裡，我們可以埋下許多的記憶線索，這樣一來，可以方便我們搜尋，二來，也可以方便我們將記憶歸檔。

因此，如何埋下記憶線索，讓線索結成網，讓這張網子提供你所需的資訊，會是個相當有意思的過程。

運用記憶網，首先要有個定點方便我們撒網，通常是文章的標題。記憶網在外國稱爲MIND-MAPING，它能詳實記錄資料在我們大腦的接受方式，只是很多人書讀那麼久，還是停留在水平思考的盲點。

舉例來說：古西亞文化

古西亞範圍包括兩河流域、小亞細亞、地中海東岸、民族有蘇美城邦、巴比倫帝國、亞述帝國、加爾底亞帝國、西臺帝國，後爲波斯統一。

古西亞文化最大的特色爲法律觀念：以牙還牙，以眼還眼。其中蘇美人發明：1.陰曆，2.楔形文字，3.六十進位法。巴比倫的漢摩拉比法典爲世界上最早的法典。亞述人設有圖書館。加爾底亞人創一週七天制。西臺人使用鐵器著名。腓尼基人善航海經商。

它反映出的心靈思維方式如下頁：

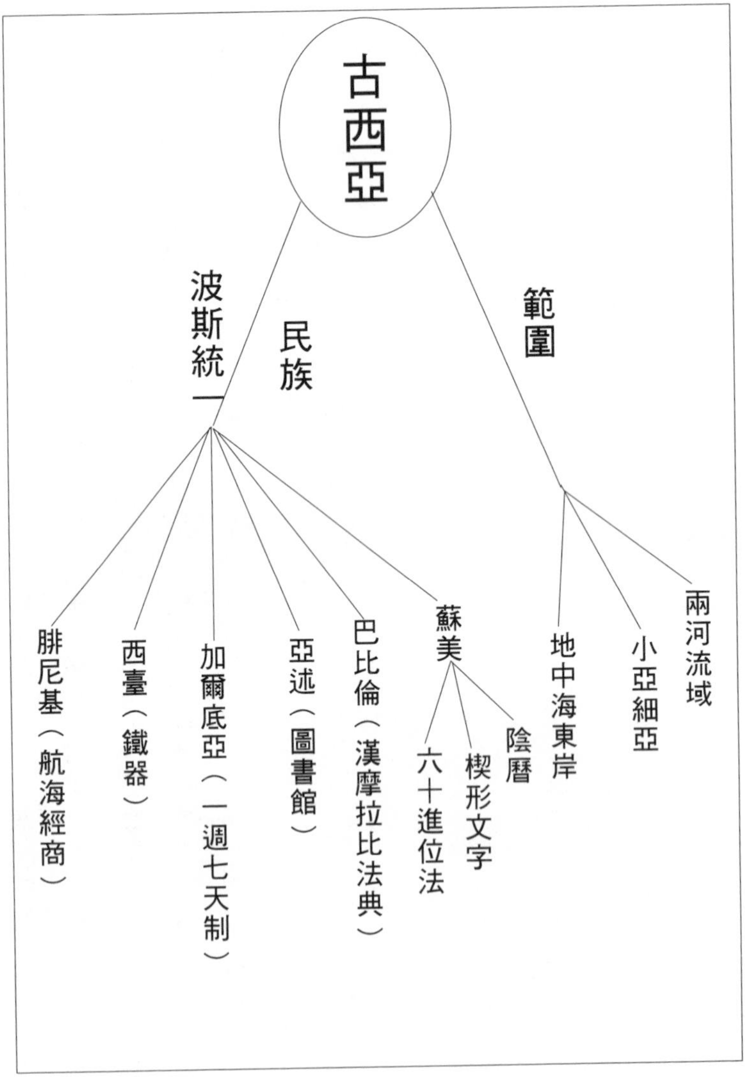
古西亞
波斯統一
民族
範圍
腓尼基（航海經商）
西臺（鐵器）
加爾底亞（一週七天制）
亞述（圖書館）
巴比倫（漢摩拉比法典）
蘇美
六十進位法
楔形文字
陰曆
地中海東岸
小亞細亞
兩河流域

怎麼樣，很像一張網吧！記憶網可以將老師上課內容一網打盡，就算資訊是漫天無厘頭的出現，你也可以用記憶網將它邏輯式的歸納。記住，龐大的資訊都可依邏輯將之分類，進入大腦之後，就成爲我們隨時可探囊取用的智慧。

◎作業：將古西亞文化記憶網還原成文章，在大腦內描述一次文章內容

說得出來嗎？

古西亞範圍包括兩河流域、小亞細亞、地中海東岸。

民族有蘇美城邦、巴比倫帝國、亞述帝國、加爾底亞帝國、西臺帝國、後爲波斯統一。

古西亞文化最大的特色爲法律觀念：以牙還牙，以眼還眼。

其中蘇美人發明：1.陰曆，2.楔形文字，3.六十進位法。

巴比倫的漢摩拉比法典爲世界上最早的法典。

亞述人設有圖書館。

加爾底亞人創一週七天制。

西臺人使用鐵器著名。

腓尼基人善航海經商。

PS：記憶網的運用，可以用在我們面對人群演講前備稿之用。如果你需要有條有理的說話，記憶網的設定會讓你方便輕鬆許多。

袋子

有兩個窮人聽說山裡面有個有求必應的神仙，於是決定一起去找神仙，希望神仙能讓他們發財。好不容易，他們終於找到神仙的住所，見到了神仙。

神仙對他們說：「看你們這麼辛苦，我就給你們兩個人三樣東西吧！不過，達成願望後，你們就得馬上離開，也不許後悔。」

於是張三就說：「請神仙給我很多黃金。」一堆黃金出現在地上。

「請給我很多的珠寶。」一堆珠寶出現在地上。

「請神仙賜我玉器。」一堆玉器出現在地上。

這時換李四了，李四先說：「請神仙賜我黃金，請神仙賜我珠寶，然後請賜給我一口堅固的大袋子。」神仙如他所願。

這時張三嘲笑李四，說道：「有了這麼些錢你還要袋子幹嘛？」

只見李四回問：「我有口大袋子，但你要怎麼把你的東西帶回去呢？」

花那麼多錢補習，記得，帶著袋子（記憶庫）去裝智慧。

棒球教練在比賽前告訴球員：

只要他揉眼睛，就是傳球回本壘，摸鼻子就是短打……，

教練還警告：若有人膽敢不從，會給予最嚴厲的懲罰。

這場比賽在教練嚴格的訓練下大獲全勝，球員在全場的歡呼中漸漸退場。就在這時，有個嬰兒從外野觀衆席上跌了下來，在這危急的關頭，外野手一個箭步飛身向前，很漂亮地把小嬰兒接住！

誰知這時一陣風吹過，一粒沙子吹進教練的眼睛。教練下意識地揉揉眼睛……

剛接住嬰兒的外野手看到了，當然也是下意識地照著賽前教練的交代反應……

十八、身體定位

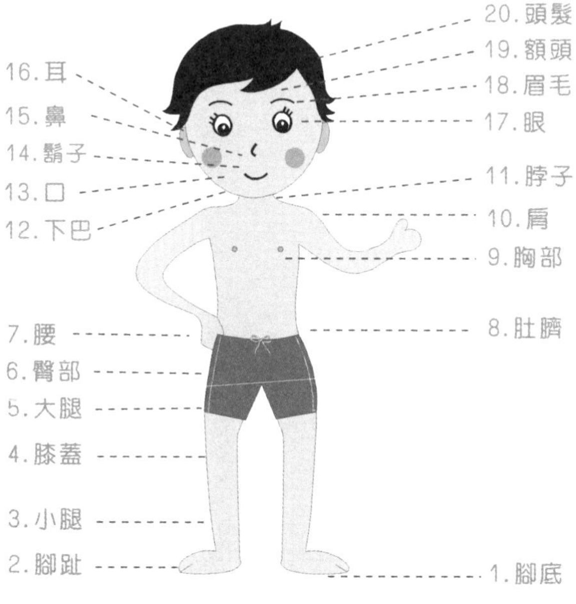
20.頭髮
19.額頭
18.眉毛
17.眼
16.耳
15.鼻
14.鬍子
13.口
12.下巴
11.脖子
10.肩
9.胸部
8.肚臍
7.腰
6.臀部
5.大腿
4.膝蓋
3.小腿
2.腳趾
1.腳底

十八、身體定位

在面對一大群群衆演講時，你當然可以看稿子，而且你就算低著頭照著唸，一個無名的演說家，大概也不會有人理你。但是，如果你想當王牌演說家呢？如果你是參加面試呢？如果，你現在是在跟客戶推薦某些產品呢？或許他們會請你把稿子留下來，通知你遙遙無期的再見面時間。

畢竟，看著稿子透露著我們對自己要報告的內容不夠熟，也隱約告訴我們的聽衆自己準備不夠。

雖然我常有機會在人群面前演講，像二〇〇四年七月的時候，我在台北世貿及高雄國賓就有兩場超過三千人次的演講。有人說上台演講魅力是天生的，我想否認這句話。說眞的，以前當學生的時候也很害怕在人群前面講話，因爲會有一堆眼睛盯著你看，這眞的很讓人緊張。在大學當班代時，連在同學面前宣布事情都會支支吾吾的，雖然這些盯著我看的人，有些是熟得不能再熟的 BODY-

BODY，不過還是會讓我渾身不自在。

人只要一緊張，腦袋就很容易一片空白。別看我現在主持節目流利到不行，我也是有經歷過那種面紅耳赤、說不出話的時候。

每次演講前一天，一整個晚上都在家裡面準備資料，哪一個環節要說甚麼話，把橋段記錄得一清二楚。爲了讓演講氣氛輕鬆點，我還特意準備了一些笑話。結果，一點用都沒有，站到講台上的時候，腦袋裡就是一片空白，什麼東西都忘了，只能拿著手上的資料照著唸。至於那些笑話，一個也沒講，這才是眞正的笑話。

我告訴自己不能這樣，我告訴自己要克服對人群的恐懼。

要克服對人群的恐懼，首先應先把注意力拉回應注意的重點上。演講的重心不在有多少人在台下看你，而在能不能有條有理地把內容表達清楚。說話其實是門很深的學問，這直接考驗的是思考及組織的能力。就像有些同事，雖然學識淵博，若是思考及組織的能力欠佳，上起課來，也常常讓人呵欠連連。

於是在幾經思考之後，我決定在每次演講前先確認這次上課演講的幾個內容，然後把這些內容的主要項目，跟我的身體部位串在一起。從頭到腳，藉由身體的定位，把內容當小抄綁在身上牢牢的記住。

例如：摸頭，是開場白；

摸下巴，是說明演講題目定義；

摸手肘，是要談解決方法；

拍拍胸口是講笑話；

踢踢腳跟是做結論。

有了身體定位的提示，確實讓我在演講方面有了條理，大膽的查閱身體小抄，不只不緊張了，對信心的培養也有很大的幫助。

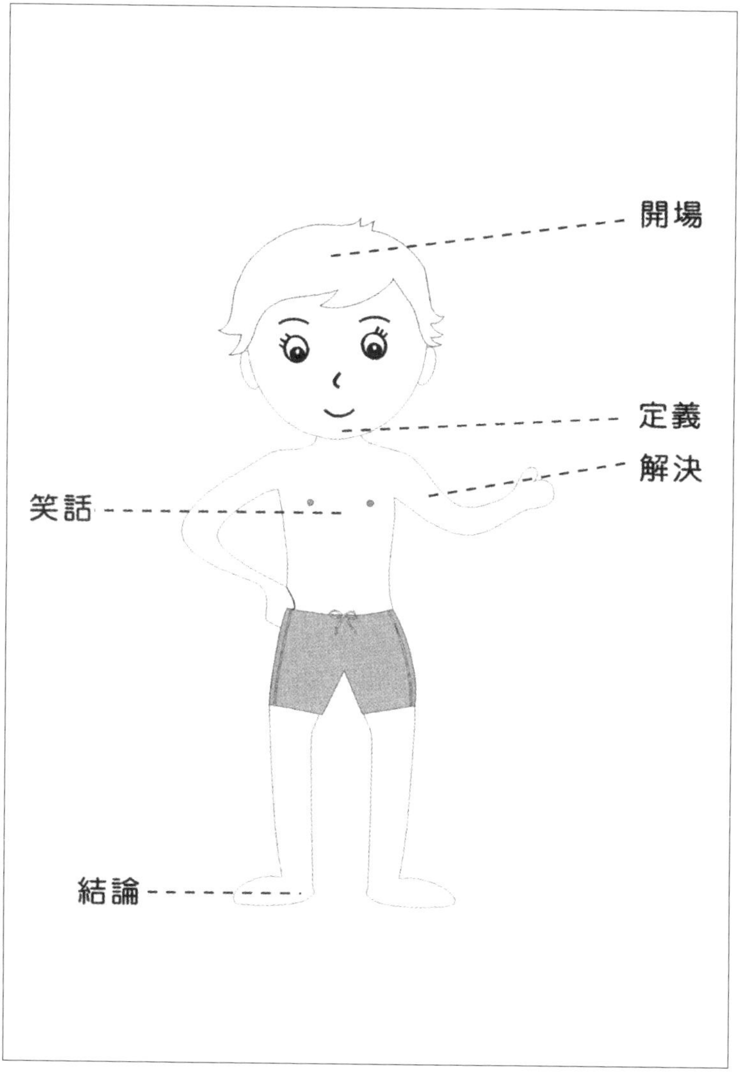
開場
定義
解決
笑話
結論

◎陳光老師小教室

身體定位

記憶往往在你不經意之間一閃就出來了，而某些資訊在我們想要時卻偏偏叫不出來。

「他……叫什麼來著？」

這種情況是不是在日常生活中常常出現？

忘了人家的名字，是因爲我們忘了在大腦裡張貼記憶的線索。什麼時候需要埋下記憶線索？如果你到一個陌生的地方，又不願迷路，就需要在過程中記得埋記憶的線索。

記憶線索怎麼埋呢？只要我們眼睛看得到的，都能夠成爲埋下線索的點。

就如同你正在國父紀念館對面的麥當勞，你要怎樣到台北車站對面的新光三

越？麥當勞在光復南路，你走到忠孝東路口左轉直走，就能夠走到了。你不需要知道中間所有的路口店家，只要知道幾個重要的路口的名稱，最後就找得到新光三越。

重要路口，就是記憶線索。

演講，除非是一篇你已經熟透的講稿，不然對你來說，就如同進入一個迷宮，這時張貼記憶線索就非常重要了。演講，要求起承轉合，也就是「順序」。順序在我們的演講扮演相當重要的角色，有了順序，我們才能推敲接下來的邏輯思維。你總不能忍受一個演講者在台上天馬行空，東講一句西講一句吧？

在鎖鍊記憶裡，本來就是在強調順序的重要；在七正負二原理中，我們學到了將所需記憶的物件拆散，重新排列。這些動作都是爲了迎合邏輯，有了邏輯，最後要有條理的將內容按順序張貼在大腦的記憶庫。

所以，請記得，不論怎麼混亂的環境下，我們可以利用身旁所有讓我們能夠清楚看到影像的東西作爲記憶庫，在記憶庫埋下記憶的線索，在我們演講時能輕易搜取。

給一個演講的小偏方：

想有好的演講台風，跟群衆的互動很重要。必須熱誠的看著人而不緊張。記住：「把你的記憶小抄，直接貼在群衆臉上」！你就會自然地盯著人瞧。

在我們要埋設記憶線索時，最方便的方法就是透過別人的身體，將要表達的物件鎖在聽衆的身體部位。一件一件，按順序輕鬆鎖上。

你可以訓練先把這些記憶原件鎖在對方臉上。例如你現在要跟客戶介紹一樣新產品，一款有著相當多功能的手機。

說明書記錄著這款手機除了可以正常通話外，還有些其他功能1：防身、2：照相、3：上網、4：錄音、5：收音機、6：遙控、7：手電筒、8：掃瞄、9：衛星導航、10：遊戲。

你也爲每樣功能都想好了一種說詞，但是你要怎樣保證自己能夠記得哪些你說過，哪些你沒說過呢？你要怎麼讓自己能夠有條有理的一項一項地慢慢說明呢？

群衆對於那種說話沒頭沒腦的人，不會太過於信任，除非在某些特定的人脈狀況下。不過你既然是要介紹商品，當然要明確清楚，才能增加你的專業。

於是，你可以大聲背一晚的稿子，也可以將這這些東西與客戶臉上的五官鎖起來。頭頂是防身，耳朵是上網，眼睛是照相，嘴巴是錄音。因爲所需記憶的資訊太多，你沒辦法把所有的東西都鎖在臉上怎麼辦呢？你還可以鎖在對方的身體上啊！

方法就跟鎖在臉上是一樣的，同樣依照一定的方向順序，排列整齊。只是這回鎖住你所需記憶的東西，由你的臉，延伸到肢體。除了五官之外，還有你的脖子、胸部、手臂、手肘、腰、大腿、小腿。只要是你能夠想得到的，能夠將資訊串連起來的都可以。

1：頭頂：防身：遇到壞人，爲了防身，可以拿鐵頭功撞他！

2：眼睛：錄影：眼睛看到的東西，像攝影機一樣拍下來。

3：耳朵：上網：耳朵像天線一樣，可以接收資訊。

4：鼻子：錄音：鼻子按一下，就開始錄音。

5：嘴巴：收音機：大嘴巴，像是廣播電台一樣，到處宣傳。

6：脖子：遙控：掐著你的脖子，控制你做這做那。

7：胸部：手電筒：胸口插了隻手電筒，胸部會發光！

8：手臂：掃瞄器：手斷掉了，要去斷層掃瞄一下。

9：肚子：衛星導航：肚子裡面有個「胃」，會偵測哪裡藏了好吃的東西。

10：大腿：遊戲：遊戲輸了，要讓人捏大腿！

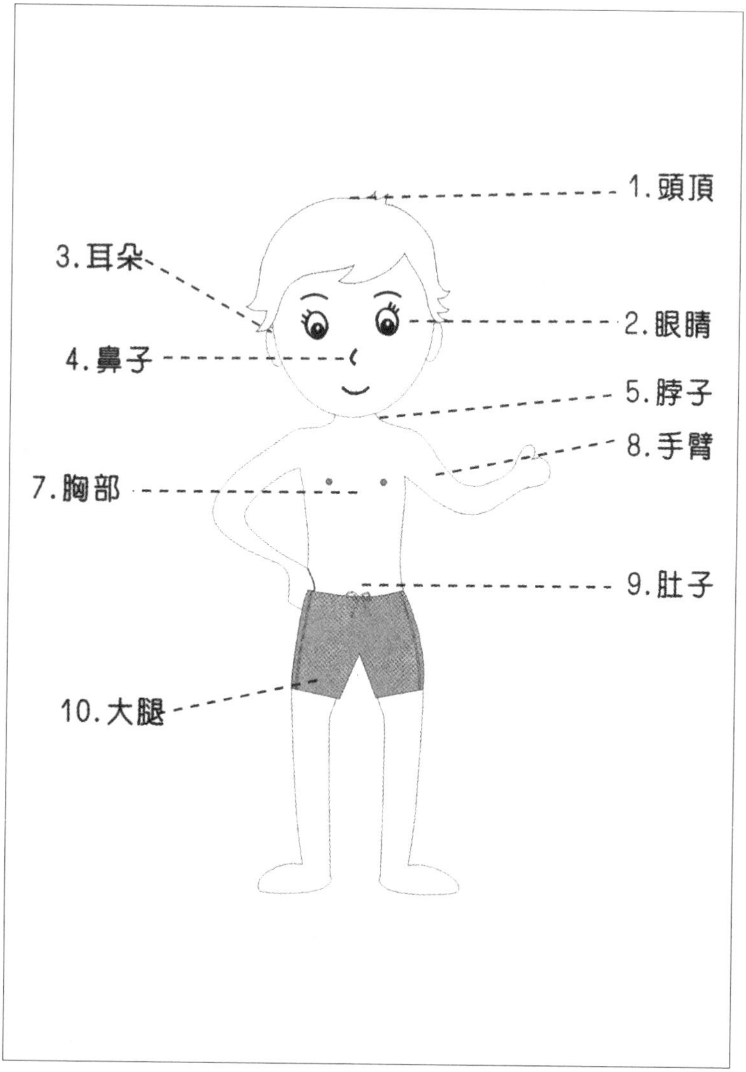
1.頭頂
3.耳朵
2.眼睛
4.鼻子
5.脖子
8.手臂
7.胸部
9.肚子
10.大腿

善用你的身體，讓資訊原件定位在你的身體上，藉由不同的肢體，所產生出的聯想，會讓你在眾人前演講得有順序、有邏輯。

分門別類依序排列，將物件鎖在肢體上，在演說時你就可以大方地盯著聽眾，從他的身上找出你演講內容的順序提示。不但可以有效地讓你完成演講，更能夠增進你與聽眾的互動。

例如：

各位聽眾，大家好：

我現在要介紹這款二〇〇九年最新款未來手機，誠如各位所知，這是款相當多功能並且實用的手機。

1：**（頭頂）：防身**

首先，隨著人們越來越重視人身安全，這款手機獨家開發出了防身功能。當您遇到危難，遭受攻擊時，將天線對準歹徒，按下鈕，將會發出高伏特的電流，電流不至於致命但能夠停止歹徒的行動。在您反擊的同時，這款手機內建系統會在第一時間聯絡警察機關，徹底保障您的人生安全。

2：（眼睛）：攝影

接著，一款現代化的手機當然必須要有最流行的功能，照相手機的熱潮一直是市場的主流。然而我們並不將自己侷限在靜態照像，在這款手機上，我們裝置了數位攝影機，讓這款手機能夠拍出動態影像。如果你想要只留下靜態影像，也可以從您所攝下的動畫擷取影像。這是款兼具著DV與數位相機功能的高科技手機。

3：（耳朵）：上網

隨著網際網路技術日趨進步，以往的手機僅能代替筆記型電腦上網時的傳輸器。然而這款手機卻做得更多，手機就是一台可以上網的電腦。如果您覺得手機使用不易。透過手機上的USB插槽，您能外接螢幕、鍵盤、滑鼠、磁碟機。此手機便是台電腦主機，讓您能真正地走哪裡上網到哪。

4：（鼻子）：錄音

許多人在上課或者開會時，無法分心做筆記。這時手機的錄音功能便發揮了功用，讓您能清晰地記下上課或演講的內容。內建的錄音功能可以連續錄十二個小時，並且將檔案轉成MP3檔，縮小記憶空間，但是音質卻不會有任何地失真。

5：（嘴巴）：收音機

根據統計，人一生中平均花在通車上的時間是53760個小時。您要如何度過這一段搭車的時間，看書嗎？搖搖晃晃的車上看書，對視力會有一定的傷害。何不聽收音機呢？音樂台讓您放鬆心情，新聞台讓您吸收新知。搭車通勤是不得已的，但是您的生命不該白白浪費掉。

6：（脖子）：遙控

回到家裡，相信您一定有時候會被家中的遙控器給混淆。客廳的桌上一排遙控器。電視、DVD、音響、冷氣，每樣東西都有專門的遙控器。冬天在家看電視，想轉個台卻開到冷氣，不小心還調到最冷。這是多麼惱人的事情！有了這款手機，將終結您的困擾，您只要預先設定好頻率，這款手機就可以代替您家中的各種電器遙控，讓您不再爲了找遙控器頭痛。

7：（胸部）：手電筒

夜路走多了，就算不見鬼，也可能遇到歹徒。或者有時候視線昏暗，一個不

小心踩個空，只是跌倒就算了，如果不小心掉到化糞池裡，這會是多麼讓親者痛、仇者快的事情啊！所以爲了這種時候，我們貼心地加裝了手電筒在手機上，讓您可以放心的走夜路，而無後顧之憂。

8：（手臂）：掃瞄器

有時候我們在書店看書，或者圖書館找資料，甚或只是在路上看到令人驚豔的文字資料，總想要收藏回家。然而，這可能只是某本書的一小頁，買的話太浪費，或者畫面太大讓您無法帶回。這時有台掃瞄器會是多麼方便的一件事，您將可以將您所需的資料大方地掃進手機帶回家，絕不讓您再有望文興嘆的遺憾。

9：（肚子）：衛星導航

國民旅遊的年代來臨，許多人會利用假日開車出遊。開車容易，然而當您到達旅遊地點，路線怎麼安排才是困難之處。總會聽到有人整個假期行程，全部耗費在迷路及塞車上。有了衛星導航，將能有效地遏止這樣的慘劇再發生，讓您能盡興地享受整個旅程。

10：（大腿）：遊戲

都市人的生活緊湊，有時候眞的很需要放鬆，但卻苦無時間。這時，何不利用點閒暇空檔，試試這款手機的遊戲。我們會定期推出新遊戲，您只要定時上網更新，就會有玩不完的新遊戲，而不用只是一款遊戲玩到底。

這款手機的附加價值絕對物超所值，且高貴不貴。放眼新款市售手機全配動輒上萬塊錢。我們逆向操作，壓制成本。推出體驗價999，附上專用手機套，特價只要999。如此便宜的價格，絕對是未來二〇〇五年手機普遍化的新指標。

◎作業：自己想像一種家電未來的十種功能，並寫下來，將寫的紙折起來，張貼線索後開始介紹該功能

提示：

一、將功能鎖在身體部位上。

二、順序是很重要的。

附圖：身體定位的圖片

你也可以這樣定位：

身體定位

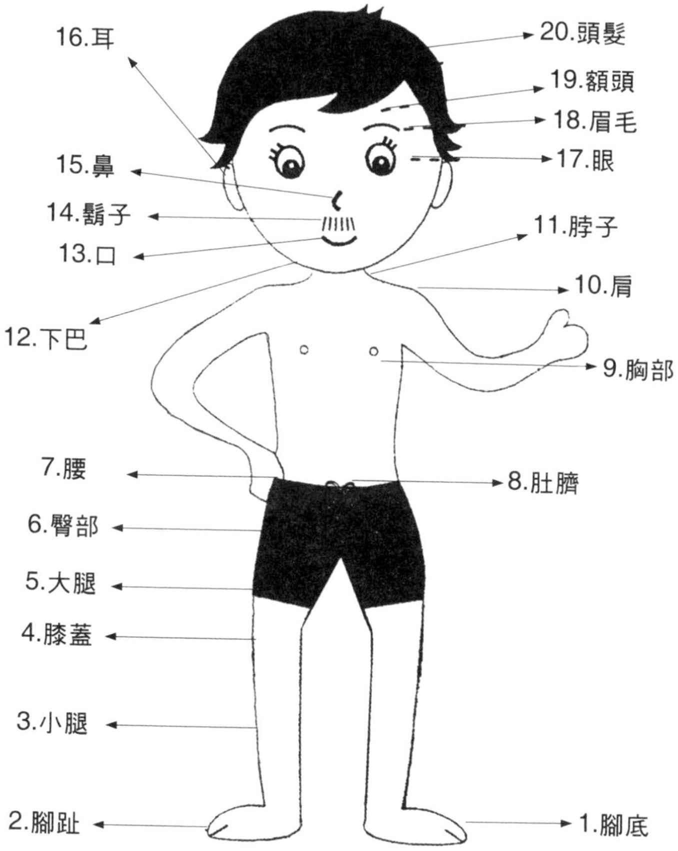

16.耳
20.頭髮
19.額頭
18.眉毛
17.眼
15.鼻
14.鬍子
13.口
11.脖子
10.肩
12.下巴
9.胸部
7.腰
8.肚臍
6.臀部
5.大腿
4.膝蓋
3.小腿
2.腳趾
1.腳底

反射你應有的智慧

所有知識，將在大腦匯聚成點，再經由大腦重新排列組合的功能，轉化成全方位的智慧，有個哲學家，他每天在他書房的窗邊研讀古今中外的哲學著作，沒有絲毫荒廢，他這種形象也吸引了不少女孩仰慕的眼光。

有天附近一位美麗而且賢慧的女孩終於鼓起勇氣，跑去找這位哲學家，她對哲學家說：「我喜歡你，你的認眞及智慧，加上我的美麗與賢慧，我們一定可以創造一個很好的家庭。你願意娶我嗎？」

一直以來總是埋頭書堆中的哲學家，面對這個問題卻開始猶豫了起來，他從沒想過結婚的事，但女孩的言論讓他開始認眞思考。

他每想到一件結婚的好處，立刻也想到一件結婚的壞處；每想到一件關於結婚的優點，卻也立刻發現一件結婚的缺點。

直到有一天，他信手翻開手邊的書，看到上面有段話寫著：「如果有兩件對等的事情讓你抉擇，當選擇你從未經驗過的那一項。」

哲學家他恍然大悟，他決定選擇從未經歷過的婚姻。

他決定向女孩求婚，興沖沖地跑到女孩家敲門。

敲了老半天，女孩的母親終於應門：「什麼？我的女兒已在六年前早就嫁人了。」原來，哲學家一想想了六年，六年的猶豫讓他錯過了這個女孩。

回到家，哲學家繼續埋首書堆，心中卻開始思考這六年來的事情以及結果。

時光荏苒，哲學家也老了，他依然在思考這個問題。

而就在他死前，突然將滿屋子的書都燒掉。因爲他終於想通了，他將整個人生的生命態度，歸納爲僅僅兩句話。

他說：如果硬要把人生歸納成兩部分，人生的前半段應該是：不猶豫，人生的後半段將會是：不後悔。

龐大的人生觀都可以歸納成簡單的兩句話了，宇宙中還有什麼資訊是不能歸納的？

將龐大的資訊匯聚成點，再由點出發，反射出你應有的智慧。

幫你擴充記憶體
5的無限立體次方
陳光邏輯超強記憶
提升記憶速度
與陳光老師見面
憑本書免費體驗2.5小時
你的大腦將有不可思議的轉變
預約電話:(02)2365-7766
陳光5的立體次方記憶法
瞬間擴充 你的記憶體 保證提升智商
為什麼
小五學童
遇到陳光老師之後
能順倒背刑法
保送建中後參加世界
奧林匹亞科展得到金牌
東森
華江小五 徐 瞻 皓
輕鬆倒背六法全書
民視
倒背
為什麼
帕金森氏患者
遇到陳光老師之後
能正倒背會計商法
校排從全校倒數
爆衝到全班第2名
為什麼
74歲李爺爺
原本忘東忘西
遇到陳光老師之後
能記憶圓周率上千位
並能倒背
TVBS
台北新聞
為什麼
原本英文單字
背不起來
遇到陳光老師之後
1小時能背
400個英文單字
幫自己預約未來 儘速來電 (02)2365-7766
演講地址：台北市羅斯福路二段136號3樓（古亭1號出口）
你可以先上網
與陳光見面
YouTube
成功關鍵改變一生的四封信
更多記憶體擴充後的見證 www.719.com.tw
先學先贏

國家圖書館出版品預行編目資料

改變學習方式，改變一生／陳光著.
——第一版——臺北市：宇河文化出版；
紅螞蟻圖書發行，2004.07
面　公分——(陳光系列；3)
ISBN 978-957-659-447-2（平裝附光碟片）

1.記憶

176.33　93010667

陳光系列 3

改變學習方式，改變一生

作　　者／陳光
發 行 人／賴秀珍
總 編 輯／何南輝
校　　對／楊安妮、賴依蓮、陳光
美術構成／Chris' office
出　　版／宇河文化出版有限公司
發　　行／紅螞蟻圖書有限公司
地　　址／台北市內湖區舊宗路二段121巷19號（紅螞蟻資訊大樓）
網　　站／www.e-redant.com
郵撥帳號／1604621-1　紅螞蟻圖書有限公司
電　　話／(02)2795-3656（代表號）
傳　　真／(02)2795-4100
登 記 證／局版北市業字第1446號
法律顧問／許晏賓律師
印 刷 廠／卡樂彩色製版印刷有限公司
出版日期／2004年 7 月　第一版第一刷
　　　　　2023年 1 月　第十四刷

定價 250 元　港幣 83 元

ISBN　978-957-659-447-2　Printed in Taiwan